PEARY contre COOK

A qui le PÔLE NORD?

PEARY

contre COOK

A qui le PÔLE NORD ?

Précédé d'une lettre du Lieutenant G...

Chef de l'Expédition au Pôle arctique —

(*Croisière A... 1905-1908*)

ÉDITIONS NILSSON

7, RUE DE LILLE, 7

PARIS

PŘÉFACE

Par télégramme, les éditeurs du livre Peary contre Cook, a qui le Pôle Nord ? *veulent bien me demander quelques lignes sur cette découverte merveilleuse qui va révolutionner la science, comme elle a étonné le monde entier.*

A l'heure où l'émotion est à son comble, à la minute même où le duel commence entre deux personnalités connues pour leur bravoure et leur audace et qui se disputent l'honneur d'avoir vaincu le géant réputé invulnérable, il est difficile de distinguer le véritable champion. Peary a-t-il triomphé de Cook ?

Cook, ce courageux explorateur, a-t-il devancé son rude concurrent ?

L'avenir seul le dira... peut-être.

Les solitudes glacées du Pôle arctique ne livreront sans doute jamais le merveilleux secret, et le doute persistant restera la seule équation du problème angoissant.

Chef de l'expédition au Pôle arctique, maître de la croisière A... 1905-1908, j'ai vécu vingt années parmi les glaces du Groënland, du Canada et du Spitzberg, et je n'ignore ni les privations de toute nature, ni les contretemps désolants qui firent de tous les explorateurs plus connus, plus célèbres, plus courageux et plus réputés, les vaincus d'une lutte sans résultats définitifs.

Peary a-t-il été plus heureux que nous ?

Cook a-t-il pu, traversant les mille obstacles, barrant la route du Pôle Nord, planter le drapeau étoilé sur le point encore vierge du globe ?

La question se pose et, de longtemps, nul ne pourra la résoudre.

Mais l'œuvre accomplie n'en restera pas moins un des fleurons scientifiques qui sont la couronne lumineuse du vingtième siècle qui commence.

Après les embûches accumulées sur ses pas, les obstacles insurmontables, les deuils qui frappèrent son équipage, le savant a-t-il trouvé sur le lieu réputé inaccessible le drapeau de sa patrie, piqué sur la terre glacée jalousement par un autre ?

A-t-il, farouche, brisé l'étendard de son pays, avec le désespoir immense d'avoir été devancé ?

Au contraire, l'officier, brave et loyal, souffre-t-il en ce moment de se voir discuté par un imposteur ?

Problème !

Angoissant problème auquel s'intéresse toute l'humanité.

Les Nansen, Nordenskjöld, Andrée, et tant d'autres explorateurs n'ont pas éprouvé de pires déceptions, et cette question du Pôle Nord découvert presque à la même date par deux braves de valeur égale n'est pas sur le point de laisser indifférent tout le monde civilisé.

Le livre Peary contre Cook, à qui le Pôle Nord? apporte son humble pierre à l'édifice des dissertations, s'il ne donne pas la terminaison de l'équation polaire, du moins montre-t-il, par plusieurs côtés, les mille difficultés résolues, les appréciations des savants de tous les pays, les négociations de certains où l'amour-propre national. est en question, enfin l'appréciation de la presse des deux-mondes sur cette magnifique découverte.

Cette lutte entre deux géants, Peary contre Cook, professeurs d'énergie, maîtres de volonté, est suivie avec anxiété par tout ce que l'univers compte d'intelligences.

Ce combat prend une forme épique et les côtés obscurs de la bataille lui donnent une importance qui égale presque le merveilleux de la découverte?

Quel sera le vainqueur?

Le doute peut seul répondre.

Peary contre Cook, à qui le Pôle Nord? conservera toujours ce mérite d'avoir été le premier volume de didactique sur ce sujet passionnant, et c'est avec joie qu'un des vaincus du Pôle Nord salue, à la première escarmouche, les deux rivaux heureux, sans la moindre rancune, sans le plus léger parti pris et avec l'espoir que ce triomphe restera l'apanage de la fière nation américaine et de la bannière étoilée des États-Unis.

Lieutenant G...,
Chef de l'Expédition au Pôle arctique
(Croisière A..., 1905-1908).

PEARY CONTRE COOK

A QUI LE PÔLE NORD ?

CHAPITRE PREMIER

Peary contre Cook. — Le pour et le contre.

Peary a-t-il triomphé ? Cook dit-il la vérité ? Les opinions sont contradictoires et l'on ne peut discuter que sur de vagues probabilités.

Voici cependant quelques notes susceptibles d'élargir le débat et résumées par le *Daily Chronicle* et *l'Écho de Paris* :

1° Le docteur Cook déclare avoir enregistré, par 83° de latitude Nord, une température de — 83° centigrades ou de — 149° Fahrenheit ; or, la température la plus basse relevée jusqu'ici, — 90°, a été notée par le docteur Hann, dans la Sibérie orientale, région où sévit un froid plus intense que dans les régions polaires.

« Mais, dit l'explorateur, c'est une erreur télégraphique

qui m'a fait parler de — 83° centigrades ; il faut lire :
—83°Fahrenheit, température communément rencontrée.»

Cette température n'est pas communément rencontrée.
A la même longitude et à la même latitude que Cook, le
maximum de froid noté par Peary est — 67° Fahrenheit,
froid tout à fait exceptionnel, d'après ce dernier explorateur.

Autre difficulté : pour mesurer pareille température, un
thermomètre à alcool très allongé et très fragile est néces-
saire. Le docteur Bernacchi, qui accompagna le capitaine
Scott sur le *Discovery*, emporta un instrument capable de
mesurer des températures de — 100° Fahrenheit ; l'exactitude de ce thermomètre, spécialement construit pour
l'explorateur, était troublée du reste dès le laboratoire par
les modifications que faisaient subir au verre les basses
températures. L'erreur constatée était de 5°. A supposer
que le docteur Cook, qui, ne l'oublions pas, a improvisé
son expédition, ait été muni d'un instrument aussi rare et
aussi peu maniable, a-t-il tenu compte de ces modifications du verre ? Tout cela pour montrer la témérité de ses
dires.

2° Le 21 avril, déterminant sa position, le docteur Cook
trouva 89° 59′ 46″ :

« Nous avançâmes de 14″, raconte-t-il, et pour éviter
toute chance d'erreur en déterminant le pôle, nous fîmes
nos observations en double. »

Prétendre déterminer le pôle à 14″ près est absurde.

Le 21 avril, au pôle Nord, l'altitude du soleil ne devait

être que de 11 à 12°. La température était de — 38° centigrades, l'angle de réfraction ne devait pas être inférieur
à 7', soit la moitié du semi-diamètre du soleil. En d'autres termes, le soleil n'avait pas la forme d'un disque, il
affectait une forme oblongue et écrasée ; il ne pouvait
donc être question pour l'explorateur d'exprimer ses
observations en secondes, même en admettant qu'il fût
muni d'un horizon artificiel.

A 10' d'arc près, un chiffre exact ne pouvait même
pas être obtenu. Autant dire qu'un rayon de 8 à 10 milles
couvrant le pôle pouvait être seulement déterminé.

Le docteur Cook est revenu sur ses déclarations pre-
mières, où il était parlé du drapeau américain planté sur
le *big nail* (le gros clou) avec des détails vraiment trop
abondants. Le fait qu'il s'est aventuré à de pareilles descriptions est pour faire douter de lui.

3° L'explorateur raconte qu'il a rencontré au pôle des
champs de neige rouge, et il ajoute : « Pas de vie, pas de
terre pour relever la monotonie des glaces. »

D'après les explorateurs arctiques, la neige rouge, qui
doit sa coloration à la présence de certaines algues, se
rencontre seulement sur les surfaces glacées recouvrant
la terre ferme. Il y a donc de la terre, au pôle Nord ?

Mais Cook a dit que la dernière terre fut rencontrée
par lui par 84° 47' de latitude.

4° Mais nous ne sommes pas au bout des contradictions. Nous lisons dans le récit de l'explorateur : « Par
84° 47' de latitude et 86° 36' de longitude, le 30 mars, la
nouvelle terre nous est apparue ; mais, forcé d'aller de

l'avant, je n'ai pu pousser vers elle et l'explorer. » Or, interrogé hier à Copenhague, il déclare :

« Entre 84° et 85°, j'ai découvert un nouveau pays et tué des bœufs musqués, des ours, des oiseaux, dont nous nous sommes alimentés. »

L'explorateur a donc mis le pied sur cette nouvelle terre, car si tous les animaux s'aventurent parfois sur les glaces, ils ne vont jamais bien loin du continent. Pourquoi ce continent ne nous est-il pas décrit ?

5° Cook a parcouru 460 milles en trente jours, soit 15 milles par jour. « Tous les explorateurs danois, dit-il, ne trouveront rien d'extraordinaire à la rapidité de cette avance. »

D'après sir Clément Markham, celui-ci a, durant 70 jours, marché à une vitesse quotidienne de 19 milles, mais il se mouvait parmi les îles arctiques, où la glace est à l'abri des fortes pressions qui sévissent dans les étendues ouvertes de l'océan Arctique. Encore si la glace rencontrée par Cook avait présenté une surface plane, mais il a eu affaire à des glaces plissées, brisées, coupées d'espaces marins qui lui imposaient de multiples détours.

6° Enfin, quelle prudence, quelle retenue dans les renseignements ! L'explorateur ne sait pas, en dernière analyse, si le pôle Nord est occupé par la mer ou par la terre ferme ; son texte peut être interprété dans un sens ou dans l'autre.

De ces roches paléocrystiques, qui arrêtèrent Markham, des gigantesques pressions relevées par les explorateurs, de la salure de la mer, il ne dit absolument rien. A moins d'admettre que Cook, pour des motifs mystérieux, se soit gardé de laisser filtrer le moindre détail précis, il faut reconnaître que tous les problèmes dont la clef doit être trouvée aux alentours du pôle restent pour nous aussi fermés qu'ils l'étaient hier.

Le *Daily Mail* donne sur la vie de Cook les détails suivants :

« Son père était un Allemand, le docteur Coch, qui émigra, quand il était jeune homme, en Amérique. Il exerça dans un district rural de l'État de New-York et anglicisa son nom en Cook, ce qu'ont fait des milliers d'Allemands à leur arrivée en Amérique. Il semble certain que le docteur Coch était israélite, appartenant à une famille connue de Francfort-sur-le-Mein. Cette information a été donnée au *Jewish World* d'une source autorisée. Le docteur Coch ou Cook mourut assez jeune. Son fils, l'explorateur, avait alors six ans. Le défunt laissait une petite ferme à sa femme et à ses quatre enfants. La vie leur fut très dure. Ils se rendirent à Brooklyn. Le jeune Cook vendit des légumes au marché. Avec quelques économies, il commença un commerce de laiterie. Après avoir livré le lait aux clients, de 1 heure à 7 heures du matin, il se rendait à 9 heures à l'université de Columbia pour y poursuivre les études qu'il avait commencées seul. Il mena cette vie fatigante pendant six ans, jusqu'au moment où, en 1891, il obtint son diplôme. Il réussit l'année suivante à se faire engager comme médecin dans l'expédition groënlandaise dirigée par Peary. On sait le reste. »

CHAPITRE II

Les deux rivaux.

A l'heure actuelle, écrit *le Temps*, les deux adversaires
ont pris l'un vis-à-vis de l'autre les positions suivantes :

Le commandant Peary affirme que le docteur Cook n'a
pas atteint le pôle, et qu'il a seulement fait une randonnée vers le Nord sans dépasser les limites des régions
déjà connues. Peary dit que les deux Esquimaux qui ont
accompagné Cook sont d'accord pour confirmer cette
opinion, et que les autres membres de la tribu disent de
même.

Cook répond en organisant à ses frais une expédition
dirigée par le capitaine Sverdrup, chargée de se rendre
à Cape-York pour y chercher les deux Esquimaux en
question, les ramener en Amérique afin qu'ils puissent être
interrogés à loisir.

Peary déclare que Cook n'ayant que peu de moyens à
sa disposition, a trouvé beaucoup plus simple de venir
récolter dans le champ que Peary avait ensemencé. Il a,
dit-il, pris les Esquimaux et les chiens, que lui, Peary,

avait depuis plusieurs années entraînés aux expéditions polaires. Ce n'est pas après coup que Peary porte cette accusation. Une lettre de lui que publie *le New-York Times* est formelle :

« Je tiens à faire remarquer que le docteur Cook a établi son campement à Etah, qui a été mon point de rendez-vous et de dépôt pendant des années.

« Je remarque qu'il a pris avec lui les Esquimaux et les chiens réunis par moi à Etah pour les y trouver l'été dernier.

« Je remarque qu'il a approprié à son usage les services de ces Esquimaux que j'avais entraînés aux longs et durs travaux de la conduite des traineaux et qu'il a utilisé leur connaissance approfondie des routes où l'on trouve du gibier et des territoires du Nord qu'ils ont acquise sous ma direction. »

Après s'être refusé à faire aucun commentaire sur la probabilité qu'il y avait que le docteur Cook atteignît le pôle, le commandant Peary terminait sa lettre comme suit :

« Il y a une chose que je tiens à faire remarquer, c'est que le résultat de la présence du docteur Cook dans cette région sera de diminuer la force et les ressources des peuplades esquimaudes qui y séjournent, surtout en ce qui concerne le nombre des chiens qu'elles avaient rassemblés à Etah l'été dernier, en prévision de ma venue, et aussi d'amoindrir les ressources en gibier de cette même région, ressources qui me sont nécessaires et qui, dans les meilleures années, ne sont jamais considérables.

« Pour conclure et pour éviter tout malentendu quant

à mes droits dans la question, je dirai que la façon d'agir du docteur Cook, qui a tenté de me devancer, est indigne d'un homme d'honneur. »

[Cette lettre de Peary, si elle juge sévèrement la conduite de son rival, est somme toute un témoignage en faveur de la possibilité de réussite de Cook. C'est un document en faveur de Cook puisque Peary y manifeste des craintes et fait des réserves.]

Aux accusations de Peary, Cook répond :

« L'accusation que j'ai « pris » les Esquimaux de Peary est absurde. Ce sont des hommes indépendants qui suivent qui leur plaît ou les paye le mieux.

« Quant à m'être emparé des provisions de Peary, c'est là une affirmation mensongère. Bien au contraire, c'est Peary qui s'est servi de mes dépôts et qui a profité de mes provisions. Je crois cependant qu'il l'a fait dans un but honorable et sous le prétexte de former une expédition de secours, pensant probablement que, parti depuis longtemps, j'étais mort ou que j'avais besoin de secours. »

Les adversaires de Cook s'attachent à sa déclaration : « Je soupçonnais que Peary pouvait avoir réussi. J'ai eu hâte de regagner au plus tôt le monde civilisé pour annoncer ma découverte. » Ils argumentent, comme nous l'avons déjà dit, que Cook, prévenu par les Esquimaux du succès de Peary et mis au courant des points principaux de sa découverte, échafauda rapidement les étapes d'un voyage imaginaire, d'après le voyage de Peary, et choisit la route de retour par le Danemark, qui est la plus courte, afin d'arriver avant Peary. Son machiavélisme aurait été complet, car, ayant bâti sa propre histoire sur ce qu'il savait des résultats de Peary, il avait beau jeu pour dire, au moment où le télégraphe annonça le retour de Peary : « Je suis certain que les découvertes de Peary confirmeront mes dires. »

Cook n'ayant pas fait le voyage jusqu'au pôle et n'ayant eu que des données approximatives d'après les récits des Esquimaux, il lui était impossible, disent toujours ses adversaires, de produire un carnet de route avec de minutieuses observations. Ainsi s'expliquerait, d'une part, cette extraordinaire négligence d'un explorateur qui s'en revient sans ses plus précieux documents et donne la conclusion du problème sans pouvoir fournir le détail des opérations. Ainsi s'expliquerait également le soi-disant dépôt desdits carnets de route aux bons soins de M. Withney. M. Whitney est un ami de Peary et nous avons dit que M. Whitney avait rejoint Peary au moment de son voyage de retour vers le Labrador. Il serait alors facile, si ces documents ne voyaient jamais le jour, d'accuser Peary de les avoir fait disparaître par jalousie. Cette accusation a déjà paru. Le capitaine Osborn, ami de Cook, déclare : « J'ai la preuve que Peary a ouvert les malles de Cook, a pris les observations et les dates, les a lues, qu'il a ouvert une lettre adressée par Cook à sa femme, l'a lue et l'a recachetée. »

Un télégramme du commandant Peary, reçu par M. Bridgman, secrétaire du Peary Arctic-Club, dit :

« Pris Whitney à bord à Etah. Cook est parti pour Copenhague. Rencontré le navire de secours *Jeanie* le

23 août. Whitney, à bord du *Jeanic*, nous a quittés le 24 août. »

Le *New York Times* attire l'attention sur le passage du télégramme, disant : « Cook est parti pour Copenhague. » Cela semble indiquer, dit le journal, que le commandant Peary est parfaitement au courant des mouvements de son rival, et peut-être que les deux explorateurs cherchent mutuellement à se devancer pour rentrer aux États-Unis.

On voit que le différend prend les proportions et le caractère d'un roman policier, car les intrigues les plus sombres s'y rencontrent plus facilement que la vérité.

CHAPITRE III

Les preuves de Peary.

Le *New York Times*, dit *le Temps*, qui a un contrat exclusif avec le Commodore Peary, pour la publication de son voyage, en a donné le début, qu'a publié *le Matin*.

Ce récit commence au départ du *Roosewelt* portant l'expédition polaire du *Peary Arctic Club* le 18 août 1908, au large d'Etah (Groënland).

L'expédition amenait avec elle 22 Esquimaux hommes, 17 femmes, 10 enfants, 236 chiens.

Peary raconte ses premiers jours de navigation, qui devaient, le 5 septembre, le conduire au cap Sheridan, presque à la même heure où il était arrivé à ce point trois ans auparavant.

« Le temps n'étant pas favorable, il fallut abriter le *Roosewelt* à l'embouchure de la rivière Sheridan et commencer l'hivernage. Une maison et un atelier furent construits avec des planches recouvertes de toiles à voile. Ce campement fut baptisé Hubbard-Ville. Les explorateurs se mirent alors en chasse, tuèrent des ours, des rennes et des bœufs musqués. Pendant ce temps, certains d'entre eux, MM. Marvin, Goodsell et Borup, commençaient des voyages au Nord pour y établir des dépôts de vivres au cap Columbia, au cap Belknap, à Porter-Bay, au cap Colan. Ces transbordements successifs des vivres par échelon occupèrent les mois de septembre, octobre, novembre, décembre 1908, janvier et février 1909.

« Le 22 février 1909, Peary resté le dernier à Hubbard-Ville, se mit en marche avec l'arrière-garde.

« Le 27 février, la presque totalité des vivres étaient réunis au cap Columbia, où le campement central, baptisé Crane-City, avait été installé. On donna alors quelque repos aux chiens, qui reçurent double ration.

« Des vents du nord qui durèrent quatre mois, alors que Peary attendait des vents du sud, comme cela s'était produit pendant les saisons précédentes, lui faisaient craindre de trouver moins d'eau libre que lors de ses précédentes expéditions dans ces parages. La tâche de tailler la route à travers la glace jusqu'à ce que l'expédition pût trouver un chenal fut confiée à Bartlett et à ses hommes. Le restant de l'expédition suivit bientôt leurs traces et Peary se mit lui-même en route le dernier.

« La colonne comprenait alors 7 membres de l'expédition, 17 Esquimaux, 133 chiens et 19 traîneaux.

« Elle rencontra à son départ de fortes difficultés, des traîneaux furent mis hors d'usage. Le vent créait des solutions de continuité dans la glace et il fallait faire de grands détours pour suivre l'avant-garde de Bartlett. Au bout du quatrième jour on rejoignit celui-ci, arrêté devant un

large chenal d'eau libre. On dut rester là du 4 au 11 mars.
Le 5 mars, à midi, le soleil, rouge et déformé par la
réfraction, apparut pendant quelques minutes au-dessus
de l'horizon. C'était la première fois que les explorateurs
le voyaient depuis octobre, soit depuis près de six
mois.

« Le 14 mars, l'expédition fut rejointe par Marvin et Borup
avec leur convoi de traîneaux et de chiens « fumant dans
l'air froid comme une escadre de cuirassés ». Cette arrivée
fut saluée avec joie, car Marvin avait été renvoyé en
arrière pour se ravitailler en pétrole. Le 15 mars on
s'aperçut que Mac Milan avait un pied gelé, il fallut le
renvoyer à Crane-City. L'expédition se trouvait alors
réduite à 16 hommes, 12 traîneaux et 100 chiens. Les
sondages opérés donnèrent 825 brasses, la température
était de 46° au-dessous de zéro. Le 19 mars, Marvin prit,
lui aussi, la route du retour. Le 20 mars, on atteignit
la latitude 85°. Le 23, Borup prit à son tour la route de
Crane-City, après avoir fait un voyage équivalent à celui de
Nansen. Peary ne tarit pas d'éloge sur ce collaborateur.

« Bartlett, le commandant du *Roosevell*, fut alors chargé
de la direction de la colonne d'avant-garde qui prit un jour
d'avance. Toutes les vingt-quatre heures on reprenait
contact.

« Les observations de latitude prises par Marvin, qui, à
marches forcées, avait rejoint l'expédition, furent: 85°48'.
Jusqu'à ce moment le peu de hauteur du soleil avait
rendu les observations astronomiques difficiles. Quand on
atteignit 86° 38', Marvin prit à nouveau le chemin de re-

tour à la tête de la troisième colonne de ravitaillement.

« L'expédition connut alors ses plus mauvais moments, elle fut enlizée dans la neige, puis vit la glace s'entr'ouvrir à quelques pieds d'un de ses campements.

« On se remit pourtant en route, la glace s'étant reformée, et l'on trouva de la neige durcie qui permit d'avancer. Bartlett, qui avait fait des prodiges, prit alors à son tour le chemin du sud; il avait atteint le degré de latitude 88°. Peary ajoute qu'il lui avait confié le poste d'avant-garde pour que ce fût à un Anglais que revînt l'honneur d'avoir approché le plus près du pôle après un Américain. »

CHAPITRE IV

La défense de Cook.

Le docteur Cook a cependant repris un certain avantage
sur Peary. On remarque en effet que le récit de Peary,
publié par le *New York Times*, le *Times* et le *Matin*,
offre des obscurités et des imprécisions fâcheuses. Peut-
être faut-il les attribuer à des erreurs de transmission.
Mais comment se fait-il, par exemple, que jusqu'au 15 mars
le journal de route soit minutieusement tenu, avec les
dates et le travail de chaque jour donnés scrupuleusement.
Et puis, soudain, il n'y a plus de dates ou des dates manifestement fausses, car on trouve des observations de Marvin exécutées le 2 mars, alors que dans le récit on en est
déjà vers le début d'avril, et que Marvin est mentionné
comme étant reparti vers la base de ravitaillement le 28
ou le 29 février. Du 15 mars au début d'avril, Peary ne
mentionne plus que les semaines sans les préciser, et au
moment où le premier récit se termine, il vient de renvoyer le commandant Bartlett. L'expédition se trouve au
degré 87° 48'. On est encore loin du pôle. Peary est désor-

mais seul pour parcourir le reste, la plus capitale étape du voyage.

Et la suspicion contre Cook peut également s'appliquer à lui : *testis unus...*

M. Bridgman, de l'Arctic Club, dit que Peary avait encore avec lui M. Mac Milan. Mais nous avons lu, dans le récit de Peary, que M. Mac Milan avait eu un pied gelé le 15 mars et qu'il avait fallu d'urgence le renvoyer à Crane-City. « Ce ne fut pas sans un cruel désappointement, écrit même Peary, que je me vis ainsi privé de la coopération de Mac Milan, car j'avais une grande estime pour son courage et son endurance. » Comme nulle part il n'est fait mention du retour de Mac Milan guéri et que Peary, dans son télégramme au *New York Times*, écrit longtemps après et à tête reposée, aurait modifié sa phrase et dit : « Je fus heureux de le voir revenir... », il faut bien conclure que Peary resta seul pour parcourir, comme il l'affirme, la distance encore considérable qui sépare le degré 87°48′ du pôle.

En bonne conscience, le récit de Peary dans cette première partie publiée n'offre rien de plus sensationnel que le récit de Cook.

Parmi les diverses erreurs qui sautent aux yeux, il faut également signaler les chiffres contradictoires dans le nombre des Esquimaux. Au départ, le 18 août, il y a 22 hommes, 17 femmes et 10 enfants, soit en tout 49 Esquimaux ; le 22 février suivant, alors que l'expédition est en pleine région polaire, où l'on ne rencontre plus un être humain, les Esquimaux sont au nombre de 59. Où a-t-on trouvé les 10 Esquimaux supplémentaires ?

Ces petites chicanes de détail suffiront à démontrer qu'il faut encore attendre, pour prendre parti, un supplément de précisions. S'il est vrai que la hantise du pôle est une sorte de folie, toutes les hypothèses, même les plus défavorables à l'un comme à l'autre des deux explorateurs, sont permises.

CHAPITRE V

Le voyage de Peary, de 1898 à 1902.

Le commandant Peary, à qui revient l'honneur d'avoir atteint le pôle Nord, fit, lors de son exploration arctique de 1898 à 1902, un rapport détaillé sur ses opérations (1). Il parla du succès de sa mission, et rappela qu'il avait rapporté de son voyage le météorite Ahnighito de la baie Melville, le plus grand météorite du monde entier. Il expliqua dans quelles conditions son navire se trouva pris dans la glace à la hauteur du cap Albert et faillit subir des avaries sérieuses.

Le *Windward* réussit enfin à gagner la baie Allman.

Le 2 septembre, Peary remonte en traîneau la baie Princesse-Marie ; il trouve, au cours de cette expédition, une relation de voyage laissée par les Anglais dans un *cairn* à l'île Norman-Lockyer. Ce rapport était vieux de vingt-deux ans.

Quatre jours après, Peary explore la baie Dobbin. Puis,

(1) Ce rapport est publié *in extenso* dans le volume *Plus près du Pôle*, du commandant PEARY. 10 francs. Hachette et Cⁱᵉ.

un peu plus tard, il arrête son plan de campagne pour l'hiver, il se propose de visiter la baie Buchanan.

Il se propose d'atteindre le Pôle en passant par le cap Hécla. Il constate dans la presqu'île Bache qu'il traverse la trace du passage de bœufs musqués. Dans la baie Frank-lin-Pierce, il découvre la trace du passage de lièvres.

Il constate que la partie comprise entre le cap Frazer et le cap Norton-Shaw rappelle les Alpes.

Il campe au cap Frazer, où il bâtit des huttes de neige.

La température se maintient alors à 40° centigrades.

Au cap Wilkes, un de ses hommes déserte. Le commandant se met à la chasse du déserteur, le rattrape et lui administre une correction; après quoi, il le reconduit à son navire.

Le commandant présente un tableau saisissant d'une périlleuse expédition au cap Lawrence, en pleine nuit polaire. La caravane profite chaque jour des quelques heures d'éclairage de la lune.

Pendant une étape, le vent est à ce point glacial qu'un des Esquimaux qui accompagne le commandant tombe paralysé par le froid.

Le hardi explorateur se dirige à tâtons avec ses hommes au milieu de la glace de haute mer jusqu'au cap Baird.

Tous prennent quelque sommeil dans un abri creusé à même la neige avant de s'engager dans la baie Lady Franklin.

Enfin la caravane atteint le fort Conger. Il n'était que temps : le commandant Peary a les deux pieds gelés. Il comprend qu'il va perdre tout ou partie de plusieurs doigts de pied et qu'il va se trouver obligé de garder longtemps la chambre.

Et au fort Conger, des semaines pour ces malheureux s'écoulent lamentables. Une soucoupe, un peu d'huile et un chiffon leur sert de lampe dans l'angoissante nuit polaire.

Le commandant dut se décider, lorsqu'il revint au *Windward*, à se faire amputer quelques doigts de pieds. Il marche avec des béquilles.

Une année de labeur s'écoule encore. Le commandant a suffisamment parcouru la région de la baie Buchanan pour en dresser une carte.

Au moment de son retour, le commandant dépose dans le *cairn* de l'île Clarence-Wyckoff la copie d'un rapport où il enregistre les grandes lignes de son voyage.

Au cap Morris K. Jesup, extrémité septentrionale, il dresse un nouveau rapport, qu'il laisse dans un *cairn*. Il laisse la même trace de son passage au cap Washington.

Des mois et des mois de lutte s'écoulent encore, et le commandant Peary écrit ces mots mélancoliques en songeant à toutes les difficultés qu'il rencontre, en acceptant avec résignation l'arrêt du destin qui lui a rendu impossible la marche vers le Pôle :

« La partie est perdue. Le rêve que je caresse depuis seize ans s'est envolé... J'ai lutté tant que j'ai pu. Je ne crois pas trop m'avancer en disant que la lutte a été courageuse. A l'impossible nul n'est tenu ! »

Eh bien ! l'homme qui a écrit ces mots énergiques et douloureux est un homme sincère. Il a atteint le pôle sans aucun doute.

De tels hommes tiennent le bluff pour méprisable.

CHAPITRE VI

Une expédition de Cook (1897-1899).

Cook, qui revendique aujourd'hui avec Peary la gloire d'avoir planté le drapeau américain au pôle Nord, fit partie déjà d'expéditions vers les régions arctique et antarctique. C'est un brave dont la bonne foi ne peut être mise en doute. Le mensonge et le *bluff* répugnent à des hommes de cette trempe.

Nous extrayons de son intéressant volume: *Vers le pôle Sud* (1), relation de l'expédition de la *Belgica*, 1897-1899, un passage relatif aux nuits polaires. N'est-il rien de plus pathétique en effet que cette situation d'êtres humains vivant dans la nuit des glaces, tombeaux mouvants où plane le silence de la mort :

« L'hiver et l'obscurité se sont insensiblement abattus sur nous. La lumière s'en allant par degré ne nous a pas permis jusqu'à présent de nous rendre compte de l'effet terrifiant de sa disparition. Cela nous a fourni un sujet de

_____

(1) *Vers le pôle Sud*, 1 vol., 10 francs. Hachette et Cie.

conversation pendant le temps que nous appelons à tort le jour et pendant une grande partie des heures de notre sommeil, la nuit. Il n'est pas difficile de lire sur le visage de mes compagnons la triste disposition d'esprit... Les hommes sont assis mornes et abattus, perdus dans un rêve mélancolique, d'où de temps en temps l'un se réveille pour essayer en vain de susciter un peu d'enthousiasme... »

S'imagine-t-on situation plus effroyable que celle de la nuit et du silence se compliquant de la sensation mortelle du froid qui vous glace non seulement le corps mais l'âme?

Et plus loin, ce passage à la fois saisissant et douloureux :

« 5 *juin*. — Nous avons à retracer aujourd'hui la page la plus sombre de notre livre de bord : la mort de notre bien-aimé camarade Danco. Tout le monde ressent fortement ce vide douloureux, et il n'est guère possible de décrire dans quelle soudaine prostration chacun s'est trouvé plongé. Pauvre ami!..

« ... Sans nullement pressentir sa fin, Danco a rendu l'âme cette nuit ; ses dernières paroles adressées à moi ont été : « Je respire plus facilement, bientôt je reprendrai mes « forces. »

« C'est alors la lugubre cérémonie dans le morne silence des glaces :

« 7 *juin*. — Avec une voile, nous avons fait un sac dans lequel nous avons enfermé les restes de Danco et nous l'avons cousu. Ce matin nous avons été à la recherche de crevasses, pour y glisser, comme dans une fosse, la dépouille mortelle de notre ami. Nous n'en avons pas trouvé de suffisamment large, mais à l'aide de haches et de scies nous avons réussi à pratiquer une ouverture dans la glace...

... Nous avions cru devoir le lendemain de la mort placer le corps du défunt sur un traîneau... Le traîneau fut amené jusqu'à l'eau glacée, et là le commandant prononça quelques paroles d'adieu... Deux boulets furent attachés aux pieds de la masse funèbre, qui fut immergée au sein de l'Océan Antarctique... »

Ah ! les paroles d'adieu sur le désert de glace...

CHAPITRE VII

Le siège du pôle Nord. — Trois siècles d'efforts.

L'hémisphère Nord, dont le cercle de glaces vient d'être enfin vaincu, a résisté plus de deux siècles pour livrer son merveilleux secret.

En suivant sur la carte et sans tenir compte des époques, mais simplement par ligne de direction, voici la liste des vaillants explorateurs du pôle : Scoresby, 1806-1822; Franklin, 1819-1827; Parry, 1819-1824; Anjou, 1821-1823 ; Wrangel, 1821 ; J. Ross, 1831-1833 ; Pullen, 1849; Austin, 1850-1851; Mac Clure, 1850-1853; Collinson, 1851-1853 ; Inglefield, 1852 ; Belcher, 1852-1853 ; Raf, 1853-1854 ; Mac Clintock, 1858 ; Kane, Hayes, Hall, Koldewey, 1869-1870 ; Weypr et Payer, 1871-1873; 1876, Nares ; 1881, de Long; 1882-1883, Lockwood; 1886-1906, Peary ; Nansen, 1888-1896 ; Amdrup, 1898-1902.

Toutes ces tentatives ont, les unes ajoutées aux autres, formé la carte du pôle, dont le point terminus restait à atteindre.

La marche en avant s'est surtout accentuée en 1907, année où le célèbre capitaine Amundsen découvrit le passage du Nord-Ouest.

Laissons parler, sur ce sujet, M. Victor Tissot qui écrit
ces lignes dans l'almanach Hachette :

« Ce hardi capitaine norvégien, digne émule de ses compatriotes et de ses devanciers, les Nansen, les Sverdrup,
etc., a réussi sur un petit navire de 47 tonnes, le sloop
Gjöa et avec huit compagnons, à effectuer intégralement
pour la première fois le passage du Nord-Ouest. C'est un
exploit sans précédent, car si l'un de ses devanciers, le
célèbre explorateur angais Mac Clure, parvint par hasard
à exécuter matériellement ce passage, ce ne fut qu'après
avoir abandonné son navire. Amundsen reste à son bord du
mois de juillet 1903, c'est-à-dire depuis son départ de
Christiania, jusqu'au printemps de 1906, à son arrivée à
San Francisco, ayant hiverné trois fois, dont deux ans aux
environs du pôle magnétique où il exécuta pendant vingt-
trois mois toute une série d'observations scientifiques.

« Lors de la magnifique réception qui fut faite à Paris au
capitaine Amundsen, au mois de février 1907, le Ministre
de la Marine, après avoir rendu un hommage si justifié à
l'intelligence, à la volonté, à la ténacité de ce « héros du
Nord » résuma très exactement le caractère de son expédition par les paroles suivantes ; « On ne sait vraiment
« pas ce qu'il faut le plus admirer ici, des merveilleux résul-
« tats constatés, ou de la façon rudimentaire, en même
« temps que si ingénieuse, avec laquelle, au point de vue
« matériel, ces résultats ont été obtenus. »
« D'autres encore suivront l'exemple d'Amundsen, fran-
chiront la passe nouvelle, et, après lui, iront demander
au grand laboratoire du pôle boréal les lois du magné-

tisme terrestre, de la circulation atmosphérique et des courants marins, de tous ces secrets qui ont jusqu'à présent échappé aux investigations scientifiques. »

En effet, cet exemple a été suivi, mais au prix de quels déboires et de quelles privations !

Il faut écouter à ce sujet ce que résume le *Temps*, d'après une longue relation du docteur Cook au *New York Herald :*

« L'explorateur dit qu'après une longue lutte contre le froid et la faim, il a réussi enfin à atteindre le pôle Nord et qu'il a retranché un triangle de 30 milles carrés de l'inconnu terrestre.

« Il était arrivé vers la fin août 1907, sur le yacht *Bradley*, à la limite des eaux navigables dans le détroit de Smith. Ayant pris des approvisionnements à bord du yacht et les ayant complétés avec de grosses quantités de viande fournies par les Esquimaux réunis à Annatok pour une chasse à l'ours, l'explorateur, après avoir engagé un certain nombre de ces indigènes avec leurs chiens, entreprit son expédition. Il se trouvait à 700 milles du pôle. Son plan consistait à se frayer une route, par la terre de Grinnell, en suivant la côte ouest jusqu'à la mer Polaire. C'est le 19 février 1908 que l'expédition s'embarqua pour le pôle, avec onze hommes, cent trois chiens, onze traîneaux, et quitta la côte du Groënland pour s'engager, dans la nuit arctique, sur les glaces du détroit de Smith.

Lorsqu'elle traversa les hauteurs qui bordent le détroit d'Ellesmere, la température était à 83° C. au-dessous de zéro ; l'expédition souffrit cruellement du froid.

Les explorateurs trouvèrent des pistes frayées par le

gros gibier à travers le détroit de Mausen jusqu'à Land's End. Le 18 mars, ils s'engageaient sur la mer Polaire en partant de la pointe sud de l'île Heiberg. Quelques jours plus tard, ils traversaient le cercle polaire.

Il restait 460 milles à parcourir jusqu'au pôle. Le docteur Cook ne conserva que les deux Esquimaux les plus robustes et renvoya les autres vers le sud. Une longue marche rendue pénible et cruelle par le vent et le froid le conduisait le 30 mars par 84°47' de latitude et 86°36' de longitude. C'était la fin de la terre et le commencement d'une mer de glace tourmentée. Plus de traces d'animaux vivants ni même d'infusoires.

Le 8 avril, l'expédition était par 86°36' de latitude et 93°2' de longitude. Elle ne pouvait plus faire que 15 milles par jour, ayant à lutter contre la dérive des glaces vers l'Est. Elle était alors à 320 kilomètres du pôle. On tua des chiens pour nourrir les autres : on ne garda que juste le nombre de ces animaux pour traîner les approvisionnements nécessaires.

Le 21 avril 1908, l'explorateur atteignait 89° 59' 46" et était en vue du pôle. Le jour même, il plantait son drapeau sur le pôle.

La température était de 38° au-dessous de zéro ; le baromètre indiquait 29,83.

Pas de terres, une immensité de neige d'une blancheur éclatante, pas un être vivant, pas un point tranchant sur l'effrayante monotonie.

Le 23 avril, l'explorateur et ses compagnons quittaient cette solitude désolée.

CHAPITRE VIII

Les dires de Nansen.— L'opinion de Shackleton.

A la demande télégraphique que nous lui avons faite de
nous donner les impressions sur la découverte du pôle
Nord, le célèbre explorateur nous répond quelques lignes
où le doute semble persister.

Sans nier absolument la véracité des récits contradictoires de Peary et de Cook, il semblerait plutôt disposé
à ne pas se laisser convaincre entièrement avant de posséder des preuves irréfutables.

Nansen est en quelque sorte le héros des régions
arctiques, il n'ignore rien des Esquimaux et des Lapons;
laissons-le donc nous conter, d'après le *Gaulois du
Dimanche*, sa première rencontre avec des Européens, au
bout de trois ans de luttes et d'efforts autour du pôle
Nord :

17 *juin* 1896. — Il est plus de midi lorsque je me lève
pour préparer le déjeuner. Je vais chercher de l'eau pour
la soupe. J'allume le fourneau. Je découpe la viande. Je
mets la popote en train. Au moment de me recoucher jus-

qu'à ce que le repas soit prêt, la brume se lève. Immédiatement je vais gravir un *hommock* voisin pour reconnaître les environs.

Une brise légère apporte de la terre voisine le bruit du piaillement des oiseaux établis sur les montagnes. J'écoute cette rumeur vivante : je suis des yeux les vols de guillemots qui passent et repassent autour de ma tête. Je contemple cette ligne de côte blanche, tachée de rochers noirs... Soudain, il me semble entendre des aboiements. Je tressaille. Je tends l'oreille... puis je n'entends plus rien, rien que les cris des oiseaux. Peut-être me suis-je trompé ? Je continue l'examen du panorama. Mais non, voici de nouveaux aboiements. Aucun doute n'est plus possible. Je me souviens alors avoir entendu hier deux détonations qui semblaient des coups de feu, mais que, sur le moment, j'avais crues produites par une contraction de la glace. De suite je crie à Johansen que j'ai entendu des chiens du côté de la terre. « Des chiens ? » répète-t-il machinalement encore tout ahuri par le sommeil. En toute hâte, il se lève pour aller aux écoutes.

Mon camarade demeure absolument incrédule. Il a bien perçu un bruit ressemblant à des aboiements, mais couvert par le sabbat des oiseaux. Evidemment, à son avis, je suis dupe d'une illusion. Tout en avalant en hâte le déjeuner, nous nous perdons en conjectures sur la présence d'une expédition dans ces parages. Sont-ce des Anglais ou des compatriotes ?

Le déjeuner achevé, je vais en reconnaissance, laissant Johansen à la garde des kayaks. Maintenant, je n'entends plus que le piaillement des mouettes et les cris stridents des guillemots nains. Peut-être Johansen a-t-il raison ? Probablement j'ai été victime d'une illusion.

Tout à coup, je découvre sur la neige des pistes. Elles sont trop grandes pour provenir d'un renard. Des chiens sont donc venus rôder par ici, à quelques centaines de pas de notre campement ? Comment n'ont-ils pas aboyé ? Comment ne les avons-nous pas vus ? Peut-être sont-ce après tout des pistes de loups ?

J'ai la tête pleine d'étranges pensées et tour à tour je passe du doute à la certitude.

J'arrive enfin à terre et soudain je crois entendre le son d'une voix, la première voix étrangère depuis trois ans. Mon cœur bat à se rompre. J'escalade un hommock en poussant un appel de toute la force de mes poumons. Cette voix inconnue, au milieu du désert glacé, m'apporte comme un message de vie et un salut du pays.

Bientôt après, une nouvelle voix se fait entendre... Au milieu des hommocks blancs, j'aperçois une forme noire : c'est un chien. Puis une autre forme noire : un homme ! un homme ! Nous marchons à la rencontre l'un de l'autre. J'agite mon chapeau, il répète le même mouvement. Je l'entends parler à un chien : c'est un Anglais. J'avance et je crois reconnaître M. Jackson que j'ai vu une fois avant mon départ.

Je salue et nous nous serrons les mains avec un cordial :
How do you do ?

Au-dessus de nous, un plafond de brume ; au-dessous, la banquise rugueuse ; autour, une échappée de vue sur la terre tout en glace et en neige. D'un côté, un Anglais en complet élégant, avec de hautes bottes en caoutchouc, tiré à quatre épingles, répandant une bonne odeur de savon, perceptible aux sens aiguisés d'un primitif; de l'autre, un sauvage en haillons, enveloppé d'une longue chevelure et d'une épaisse barbe, absolument incultes, couvert de crasse et de suie. Sous ces dehors, personne ne pouvait reconnaître le personnage.

— Je suis très heureux de vous voir, me dit Jackson.

— Merci ! moi également.

— Avez-vous un navire ici ?

— Non, mon navire n'est pas ici.

— Combien êtes-vous ?

— J'ai avec moi un compagnon resté sur le bord de la glace.

Tout en causant, nous nous dirigeons vers la côte. Tout à coup Jackson s'arrête, me regarde bien en face et s'écrie :

— Mais n'êtes-vous pas Nansen ?

— Oui.

— Par Jupiter ! Que je suis aise de vous voir !

Et il me serre de nouveau les mains avec effusion, en me souriant affectueusement.

— D'où arrivez-vous ? me demande-t-il.

— J'ai quitté le *Fram* par le 84° de latitude Nord, après une dérive de deux ans et ai atteint ensuite le 86° 13'. De là, nous avons gagné la terre François-Joseph où nous avons hiverné ; maintenant nous sommes en route pour le Spitzberg.

— Je suis heureux de votre succès et je suis enchanté
d'être le premier à vous en féliciter.

Dès que je puis parler, je demande à Jackson des nouvelles des miens. Lors de son départ, deux ans auparavant, ma femme et ma fille étaient en parfaite santé. Je
m'enquiers ensuite de la Norvège et de la situation politique. De ce sujet, il ne savait rien. J'en conclus que tout
allait bien de ce côté.

Immédiatement, Jackson me propose d'aller rechercher
Johansen et les bagages. En attendant, pour avertir Johansen, nous tirons chacun deux coups de fusil.

Bientôt après nous rencontrons plusieurs autres membres de l'expédition. Une fois tout le personnel de la mission réuni, M. Jackson leur annonça que j'étais parvenu
au 86° 13'. Trois vigoureux hurrahs accueillirent la nouvelle.

Immédiatement des hommes partent au-devant de Johansen, pendant que je m'achemine vers la station anglaise,
établie au cap Flora.

Tout en causant, nous arrivons à Elmwood, l'habitation
de la mission, une maison russe, très basse, tout en bois,
édifiée au pied d'une montagne, sur une ancienne ligne de
côte, à une hauteur de 16 mètres au-dessus de la mer.

Nous entrons dans ce nid chaud perdu au milieu de cette
froide solitude… Le plafond et les murs sont couverts de
drap vert. Aux panneaux sont accrochées des photographies, des photogravures. Des étagères chargées de livres
et d'instruments sont disposées dans les angles. Des vêtements et des chaussures sont suspendus au plafond pour

sécher. Au milieu de cette pièce confortable brûle un poêle
hospitalier. Un singulier état d'esprit me pénètre tandis que
je m'assieds au milieu de toutes ces choses étranges pour
nous. Par un coup du destin changeant, toutes les respon-
sabilités et toutes les anxiétés qui, depuis trois longues
années, pesaient sur moi, se sont envolées subitement. Je
suis maintenant dans un port sûr au milieu de la banquise.
Les pénibles attentes de ces années de lutte s'effacent devant le soleil flamboyant d'une brillante aurore. Mon devoir est accompli, ma tâche est terminée. Maintenant, je
n'ai plus qu'à me reposer et à attendre.

Un doux sentiment de quiétude m'envahit. Le dîner est
servi. Du pain, du beurre, du lait, du sucre, du café, toutes
choses dont, depuis un an, nous avons perdu le goût. Mais
le suprême confort de la vie civilisée, nous ne le connais-
sons qu'après avoir jeté nos guenilles et pris un bain. La
couche de crasse qui nous enveloppe est si épaisse qu'elle
ne disparaît qu'à la suite d'une série d'ablutions réitérées.
Après avoir endossé des vêtements propres et moelleux,
coupé notre barbe et notre chevelure hirsutes et embrous-
saillées, notre transformation de sauvages en Européens
est maintenant complète.

Johansen est non moins cordialement reçu que je l'ai
été. A son tour il subit la même transformation que moi.
Après cette métamorphose, je ne puis reconnaître mon
camarade. Je cherche à retrouver en lui le miséreux qui
se promenait avec moi devant un taudis sur cette plage
désolée. Le troglodyte noir de crasse et de suie a fait place
à un élégant Européen, fumant un bon cigare, paresseu-

sement étendu sur un siège confortable. De jour en jour, il me semble engraisser d'une manière alarmante. Du reste, depuis notre départ du *Fram*, nous avons tous les deux singulièrement augmenté de poids. En quinze mois j'ai gagné 10 kilos et demi et Johansen un peu plus de 6 kilos. Ce brillant résultat, nous le devons à notre nourriture, composée exclusivement de graisse et de viande d'ours.

L'opinion du lieutenant Shackleton

Le lieutenant Shackleton, consulté par le *Daily Mail* et par la *Westminster Gazette*, a déclaré qu'il connaissait la valeur de l'explorateur américain et que la nouvelle devait être prise au sérieux. Le capitaine Scott, dont la compétence est reconnue en matière d'exploration polaire, a exprimé hier après-midi son admiration pour la rapidité de la marche du docteur Cook ; si l'explorateur, parti du cap Columbia le 17 mars 1908, a atteint le pôle le 21 avril, c'est-à-dire trente-cinq jours après, il a dû faire 20 kilomètres par jour sur une route où Markham en 1870 et Peary en 1902 avaient rencontré les plus grands obstacles.

Mais cette rapidité même fait naître des doutes. Le lieutenant Shackleton assure qu'aucune expédition polaire n'a jamais pu approcher de ce chiffre fabuleux de kilomètres, et que 3 ou 4 kilomètres par jour ont jusqu'ici paru une étape raisonnable. On se demande également s'il n'y a pas eu erreur dans le télégramme ; les correspondants du *Times* et du *Daily Mail* à Lerwick ne parlent que du pôle magnétique et non du pôle même : dans ce cas, l'exploit du docteur Cook n'aurait rien d'inédit. Enfin, malgré le prestige du docteur Cook, il est encore douteux que le témoignage d'un seul homme — les deux Esquimaux ne comptant pas — puisse avoir une valeur scientifique. La *Westminster Gazette* rappelle que le témoignage de *caddies* ne suffit pas à faire la réputation d'un joueur de golf : il faut encore que sa carte ait été signée par un arbitre. On attendra avec d'autant plus d'impatience l'arrivée et les récits de l'explorateur.

CHAPITRE IX

Les vaincus du pôle Nord.

Cabot. — Willoughby. — Baffin. — James Cook. — Edward Parry. — John Franklin. — Dumont d'Urville. — Sir Georges Narres. — Nordenskjöld.

Le pôle Nord, le pôle Sud!

Que d'yeux tournés vers ces immensités silencieuses et mystérieuses, incomplètement inexplorées de notre globe!

Depuis trois cents ans, l'exploration de ces régions effroyablement dangereuses a été le rêve de hardis navigateurs. L'homme est un grand enfant qui ne connaît pas le péril.

Les précurseurs de Cook et de Peary?

Ils sont nombreux assurément, mais que de souffrance s'attache à leurs noms! Quel martyre enduré pour des travaux sans grande valeur scientifique et dont le souvenir est à cette heure oublié dans la mémoire des hommes!

On a été jusqu'à supposer autrefois que les contrées de

l'extrême nord étaient habitées par une race bizarre protégée par la terrible frontière de glace qu'on appelle la banquise, et que cette race tirait des terres polaires de l'or et des pierres précieuses à foison.

Toujours est-il que la conquête du pôle Nord est, quoi qu'en disent les sceptiques, une belle ambition.

Elle hanta depuis trois siècles les plus admirables volontés.

Elle fit des victimes glorieuses, dont il est bon de rappeler ici les noms, ces noms qui devraient être tracés sur le marbre et qui ne le sont, hélas, que sur la glace, la glace maudite qui fond ou qui fuit.

Sébastien Cabot

Les régions polaires désignent les zones comprises autour des pôles. Ces régions sans aucune végétation, défendues par un climat meurtrier, ont tenté bien des navigateurs. Depuis trois siècles, des hommes intrépides ont cherché à forcer les passages nord-est et nord-ouest. Le passage nord-est comprend les détroits qui, entre Behring et la Nouvelle-Zemble, relient le long du littoral sibérien l'océan Pacifique septentrional et l'Atlantique nord.

Citons, comme première tentative, celle de Sébastien Cabot, au seizième siècle, qui reconnut le premier, en 1497, le détroit de Davis, au nord du cercle polaire.

Les frères Corte-Real

Deux frères, navigateurs portugais du nom de Corte-

Real, entreprirent, en 1500, des expéditions arctiques. Le premier se perdit dans les glaces. Son frère partit à sa recherche et fit naufrage à son tour. L'aîné de la famille voulut partir alors à la recherche des deux égarés, mais le roi de Portugal, qui lui portait grand intérêt, l'en empêcha. Deux bateaux recherchèrent, mais vainement, ces martyrs de la science.

WILLOUGHBY

Willoughby (Hugues), navigateur anglais, entreprit, en 1553, une expédition pour la découverte du passage nord-est. Il partit avec trois vaisseaux, en compagnie de S. Burrough et de R. Chancellor, dans l'océan Glacial, au nord de l'Europe. Il découvrit le Spitzberg, puis hiverna sur les côtes de la Laponie russe, aux environs du Swiatoï-Nos, et tenta, mais sans succès, plusieurs reconnaissances dans l'intérieur de la péninsule de Kola, mais il mourut de froid avec ses compagnons pendant l'hiver 1553-1554. Les corps de ces vaillants furent retrouvés quelque temps après par des pêcheurs russes.

BAFFIN

Baffin William, navigateur anglais né en 1584, entreprit une expédition arctique, au cours de laquelle son compagnon James Hall fut massacré par des sauvages. Il trouva une méthode pour déterminer la longitude en mer au moyen des corps célestes. En 1615, accompagné d'un autre explorateur, Robert Bylot, il se dirigea vers le nord

du détroit de Davis. Là, ils découvrirent une large baie qui
porte le nom du hardi navigateur.

JAMES COOK

James Cook, navigateur anglais, précurseur de Peary
et du docteur Cook fut d'abord apprenti mercier à Staithes.
Il s'embarqua comme mousse à bord d'un navire charbon-
nier, puis entra dans la marine royale. Il fut un héros de
la guerre de Sept Ans en Amérique. Son pays natal l'envoya explorer l'océan Pacifique. Il découvrit la Nouvelle-
Zélande et revint en Angleterre par l'océan Indien.

De 1772 à 1775, il entreprit un second voyage avec deux
navires : *Adventure* et *Resolution*. Il explora de nouveau
l'océan Pacifique et s'enfonça vers le pôle jusqu'à 71° 10
de latitude Sud.

Dans un troisième voyage accompli en 1776, il s'occupa
de savoir s'il était possible de naviguer aux extrémités de
notre hémisphère et s'il existait un passage au nord, entre
l'océan Atlantique et la mer Pacifique. C'est alors qu'il
découvrit les îles Sandwich, pénétra par le détroit de Behring dans l'océan Glacial, où il fut arrêté par la banquise.

Il revint séjourner aux îles Sandwich, où il fut assassiné
par les indigènes, en 1779.

EDWARD PARRY, WRANGEL, BARROW

L'explorateur Peary eut un précurseur — presque un
homonyme — le commandant Edward Parry qui, en 1827,

fit une tentative sérieuse pour atteindre le pôle Nord. Vers la fin de juin, son navire *l'Hécla* était mouillé dans une baie au nord du Spitzberg, par 80° de latitude. Ayant laissé une partie de l'équipage à bord, il partit avec l'autre dans des canots pouvant servir de traîneaux, pour traverser, tantôt par eau, tantôt sur la glace, la banquise qui s'étendait vers le pôle. Mais, après plusieurs jours de fatigues incroyables, il s'aperçut que la banquise même sur laquelle il cheminait vers le nord était entraînée vers le sud, et que tous ses efforts aboutissaient à peine à le faire avancer chaque jour de quelques milles vers le pôle. Il dut donc s'arrêter par 82° 45' et renoncer à sa tentative ; mais l'Angleterre n'y renonça pas ; elle envoya, depuis Cabot (1497) jusqu'à Franklin (1847), sans se décourager, cinquante-neuf expéditions, pour chercher, au nord de l'Amérique, un passage direct dans l'océan Pacifique.

La tentative d'Edward Parry échoua.

Sir Edward Parry attribua l'insuccès de sa première tentative, d'abord, au mouvement de la banquise vers le sud ; ensuite, à l'état des glaces, inégales, brisées, hérissées d'aspérités et couvertes de neige. Il voulait que le navire hivernât au nord du Spitzberg. La portion de l'équipage destinée à l'expédition polaire devait quitter le navire en avril. A la distance de 150 kilomètres, elle devait trouver un amas de provisions qui auraient été portées sur ce point pendant l'hiver, afin que les matelots ne fussent pas trop chargés. Les voyageurs devaient revenir en mai, et trouver encore, à 150 kilomètres plus loin, un second amas de provisions, qui y auraient été portées par un détachement parti du navire pendant leur absence. Le capitaine Parry fonda l'espoir du succès sur cette circonstance que, pendant les mois d'avril et de mai, la banquise devait être immobile et continue. Il voulait que l'expédition emmenât des rennes avec elle.

De son côté, l'amiral Wrangel, dont les voyages au nord de la Sibérie sont connus de tout le monde, ne crut pas à la possibilité de réaliser le plan du capitaine Parry. En 1821, 1822 et 1823, des expéditions partirent des embouchures de la Léna et de la Kolyma, dans la mer Sibérienne; mais, entre les mois de février et de mai, elles ne trouvèrent pas les glaces dans l'état que supposait le capitaine Parry. Les deux expéditions, commandées, l'une par le contre-amiral Anjow, l'autre sous les ordres de Wrangel lui-même, furent arrêtées par des masses de glace peu épaisses, brisées et entraînées dans différentes directions. Le 27 mars, les glaces étaient séparées par de larges espaces libres; mais le vent les poussait avec une telle violence, qu'elles menaçaient les hardis voyageurs d'une perte certaine. Si donc, dans une mer dont la profondeur ne dépasse pas 40 mètres, et qui est défendue de l'action des vents et des houles de l'Atlantique par la côte de Sibérie, sur une longueur de 120° en longitude, on ne trouve pas une banquise continue, on ne saurait espérer la rencontrer au nord du Spitzberg, où la mer a une grande profondeur et où elle est exposée à l'action destructive des houles et des tempêtes de l'océan. Voici comment l'amiral Wrangel conçut la possibilité du succès. Ses dernières expéditions en Sibérie furent faites sur des traîneaux.

Avec des attelages de chiens on put parcourir, du 26 février au 10 mai, 2.870 kilomètres en suivant la côte et en se dirigeant vers l'île de Kolutchen, vue par Cook au nord-ouest du détroit de Behring. « Le long du rivage, disait l'amiral, nous ne trouvions pas de difficultés ; elles devenaient insurmontables dès que nous le quittions. Si la direction de la côte de Sibérie eût été parallèle au méridien, nous eussions fait 11° en latitude et autant en revenant. Si donc notre point de départ eût été par 79° de latitude, nous eussions atteint le pôle et nous fussions revenus à notre point de départ. »

Selon le plan de l'amiral Wrangel, le navire devait hiverner sur l'île de Woltenholme, où se trouvait un village d'Esquimaux. Un premier convoi de dix traîneaux attelés de chiens et conduits par de bons guides devait partir avec des provisions, en automne, dès que la mer aurait été gelée. Il devait s'avancer jusqu'à la baie de Smith, et de là, plus loin vers le nord. Arrivé au 79°, il devait chercher, sur les côtes du Groënland ou dans les vallées, un endroit convenable pour y déposer des provisions. En février, l'expédition du pôle s'avancerait jusqu'à ce point, et au commencement de mars on établirait un second dépôt à 2° plus au nord. De ce point, on s'avancerait, toujours sans quitter la côte, le long des vallées ou sur le flanc des montagnes, en suivant autant que possible le méridien et en traversant les baies et les détroits. Pour atteindre le pôle, il fallait faire, en comptant tous les détours, environ 2.900 kilomètres, ce qui est très possible avec de bons traîneaux et des chiens vigoureux.

Si l'on trouvait au nord du Groënland des îles ou une mer étendue, on renoncerait à atteindre le pôle ; mais l'expédition aurait reconnu des contrées inexplorées et rendu des services réels à la géographie.

M. John Barrow se joignit à M. l'amiral Wrangel pour affirmer que ce plan lui paraissait le plus praticable de tous ceux qui avaient été proposés.

Cette tentative échoua. L'amiral Wrangel et John Barrow, tout comme Andrée, ne donnèrent jamais plus de leurs nouvelles.

L'Angleterre envoya, mais vainement, plusieurs expéditions à leur recherche.

John Franklin.

Sir John Franklin, amiral anglais, né à Spilsby en 1786, fit une tentative infructueuse au nord du Spitzberg, à la recherche du Nord-Est. Quelque temps après, il s'avança jusqu'à mi-chemin du cap Glacé, par 148° 52' de longitude ouest. En 1845, il fut chargé d'une nouvelle expédition pour rechercher le passage du nord-ouest. Ce nouveau voyage lui fut fatal. On recueillit de sa dernière expédition des détails cruels sur sa fin et celle de ses compagnons d'infortune.

Dumont d'Urville.

Dumont d'Urville, qui conduisit en Angleterre Charles X chassé de France par la révolution de Juillet, présenta à

Louis-Philippe le plan d'une nouvelle expédition dans les
régions australes. Parti de Toulon avec les vaisseaux
l'Astrolabe et *la Zélée*, il découvrit les terres Louis-Philippe, de Joinville, Adélie et Clarie. L'ironie du sort voulut
que cet hardi voyageur, qui avait failli plusieurs fois périr
dans les glaces, trouvât la mort dans une catastrophe de
chemin de fer entre Paris et Versailles.

WILKES.

Wilkes (Charles), amiral américain, fut mis, en 1840, à la
tête d'une expédition chargée d'explorer la région arctique.
Du cap Horn, il découvrit, dans la mer Polaire, le continent qu'il nomma Wilkesland.

DE PAYER.

En 1869, le chevalier Jules de Payer, explorateur autri-
chien, né à Schœnau, près de Teplitz, en 1842, entreprit une
expédition sur la côte du Groënland. En compagnie de
Weyprecht, il découvrit la terre de François-Joseph.

BARENTZ.

Barentz (Guillaume), explorateur hollandais, né dans l'île
Terschelling, au seizième siècle, entreprit trois expéditions dans les mers polaires au nord de l'Europe, à la
recherche du passage nord-est. Il atteignit le premier la
Nouvelle-Zemble, où il mourut au moment où, avec ses
compagnons, il tentait de regagner le continent européen.

En 1871, c'est-à-dire 278 ans après, un pêcheur norvégien, du nom de Carlsen, découvrit le lieu d'hivernage de Barentz ainsi que sa maison, restée dans l'état où elle avait été abandonnée. Il en rapporta quelques souvenirs.

Le nom de Barentz fut donné à l'une des îles de l'archipel du Spitzberg.

Sir Georges Nares

Citons encore sir Georges Nares, marin et explorateur anglais, né en 1831, qui commanda, de 1872 à 1874, la fameuse expédition du *Challenger*. Il entreprit un nouveau voyage, en 1875, dans les mers arctiques, avec l'*Albert* et le *Discovery*, jusqu'au quatre-vingt-troisième degré de latitude.

Hudson.

Hudson, navigateur anglais, chercha, en 1607, un passage direct vers l'Amérique par les mers du Nord. En 1609, il se dirigea vers la Nouvelle-Zemble et reconnut un détroit et une baie qui portent son nom. Pris par les glaces et obligé d'hiverner dans la baie James, il dut se défendre contre son équipage révolté, qu'il abandonna.

Il disparut avec son fils, sans jamais laisser de trace.

Les archipels de la Nouvelle-Sibérie furent reconnus ensuite par divers explorateurs russes.

En 1879, Nordenskjöld accomplit, grâce à des conditions climatériques exceptionnelles, une merveilleuse randonnée du cap Nord au détroit de Behring.

NORDENSKJÖLD.

Le hardi explorateur Nordenskjöld naquit à Helsingfors, en Suède, l'année 1832. Il était le fils d'un très savant professeur à l'Université de Helsingfors. En 1858, il était nommé professeur à l'Académie des sciences de son pays. Il voulut succéder à son père à la chaire de géologie, mais ses opinions politiques devinrent un obstacle à la réalisation de son projet. C'est alors qu'il commença ses explorations arctiques.

En 1858, Nordenskjöld fit son premier voyage au Spitzberg.

Son second voyage date de 1861. En 1872 il rapporta, d'un voyage au Groënland, de très intéressantes études scientifiques. Sa plus remarquable exploration fut faite en 1876. Il mourut à Stockholm en 1901, sans avoir pu réaliser son rêve d'atteindre le pôle Nord.

Son neveu, Otto Nordenskjöld, reprit l'idée de son vaillant parent et partit à son tour à la conquête du Pôle.

CHAPITRE X

Les découvertes de Nansen. La tentative d'Andrée.

Nansen.

Nansen (Fridtjof) naquit à Christiania, en 1861. Il se prépara par de fortes études scientifiques et des exercices physiques à son futur rôle d'explorateur arctique. Sa première exploration date de 1882. Il fit la traversée du Groënland et parcourut un plateau de glace de 3.000 mètres d'altitude par un froid de 50°.

Lorsqu'il revint en Norvège, il prépara une seconde expédition et fit construire spécialement pour lui un navire, le *Fram*, sur lequel il gagna l'archipel de la Nouvelle-Sibérie. Il gagna la latitude de 84° 4', d'où il atteignit, en compagnie de son fidèle lieutenant Johansen, la latitude de 86° 14', qui fut la plus haute atteinte jusqu'alors. Cette prouesse date du 8 avril 1895. Il regagna ensuite l'archipel François-Joseph, tandis que le *Fram* continuait sa dérive vers le nord-ouest.

On sait que le malheureux explorateur Andrée, qui avait

formé le rêve de gagner le Pôle en ballon et qui fut victime de son intrépidité, était allé au-devant du *Fram* de retour des mers polaires, avec l'intention de saluer son vaillant compatriote Nansen. Nous détachons, à ce sujet, d'un très intéressant volume publié sur Andrée, le chapitre suivant :

« A 9 heures et demie, le pilote des glaces signale un trois-mâts à la pointe Est de l'île Amsterdam.

« Grand émoi au *Virgo*... Que vient faire ce navire dans les régions qui ne sont fréquentées que par les baleiniers ou les touristes ?

« Il stoppe et arbore le pavillon norvégien au grand mât. Un seul cri s'échappe de toutes les poitrines : Nansen !... Nansen de retour du pôle !...

« Ceux qui ont vu la photographie du navire *Fram* le reconnaissent parfaitement dans ce steamer arrêté à 4 kilomètres de nous.

« La neige tombe fine et serrée. Le capitaine et MM. Andrée, Thholm et Stundberg partent dans le canot à vapeur pour recevoir leurs vaillants compatriotes !

« A quelques toises du *Fram*, M. Andrée et ses amis poussent un hourra chaleureux en l'honneur de Nansen... mais les visages des marins du navire prennent une expression douloureuse !... Nansen n'est pas avec eux !... Il les a quittés le 14 mars 1895, par 84° de latitude, accompagné d'un jeune lieutenant, Johannesen, emmenant des traîneaux, vingt-huit chiens et cent vingt jours de vivres.

« Il s'est dirigé vers le Pôle avec l'espoir de regagner ensuite la terre de François-Joseph, où l'expédition anglaise Jackson... a dû hiverner. Après l'échange des souhaits de bienvenue et le premier moment d'émotion passé, les membres des deux expéditions se sont entretenus familièrement, surpris et heureux de se retrouver dans l'océan Glacial arctique, libre enfin.

« Le *Fram*, avant-hier encore bloqué dans les glaces par 84°, avait appris notre présence par un baleinier; aussitôt la mer libre, il avait mis le cap sur Dansk-Gatt, avec l'espoir d'avoir des nouvelles de Nansen !... Le capitaine Sverdrup, le lieutenant Hansen, le docteur et cinq marins prennent place dans le canot. Les trois autres marins restent à bord, et la petite troupe vient visiter notre installation et le ballon qui attend dans le hangar.

« L'étonnement de ces braves gens est grand, comme on peut le penser !...

« Ensuite, l'expédition se rend au *Virgo*, où le champagne mousse bientôt dans les verres : et c'est plaisir de voir ces braves navigateurs, heureux de retrouver des frères d'armes, des compagnons de péril, après un séjour de trois ans et deux mois au milieu des glaces polaires.

« Je suis fier d'être un des premiers à saluer le retour du *Fram* dans ces lointaines régions, et j'ai la bonne fortune de causer longuement avec le lieutement Hansen, qui parle assez bien le français. C'est un homme aimable, d'une trentaine d'années, de taille au-dessus de la moyenne, brun, aux yeux vifs, au front intelligent, à la figure sympathique.

« Il m'adresse de nombreuses questions sur les événements qui se sont passés en Europe depuis trois ans ; je lui apprends la mort du tsar Alexandre III, l'assassinat du président Carnot, etc.

« Je lui fais connaître aussi les découvertes ou inventions nouvelles : le cinématographe, les rayons X, etc.

« Tout cela paraît l'intéresser vivement ; puis il me fait sommairement un récit du voyage du *Fram*, récit extrêmement émouvant.

« M. Andrée prononce ensuite un discours et porte un toast à Nansen, ainsi qu'à ses valeureux compagnons. Le capitaine et le lieutenant répondent par quelques paroles vibrantes et émues, et je me sens saisi d'admiration pour ces vaillants qui ont porté le pavillon européen jusqu'au 86° de latitude.

« Ils sont heureux de revoir leur patrie et leurs familles ; mais ils sont calmes et patients, comme il convient à des héros !

« Le lieutenant a sa fiancée qui l'attend... M. Andrée lui remet une lettre de sa mère... toute fraîche arrivée. Il remet aussi au capitaine Sverdrup une lettre à l'adresse de Nansen, avec la suscription : « Au pôle Nord ».

« La bibliothèque du *Fram* contient : *Cinq Semaines en ballon*, de Jules Verne, et les marins avaient souvent rêvé à la possibilité qu'une expédition en ballon vînt à leur aide ! Le rêve a été bien près de la réalité ; tout est imprévu dans la vie, mais tout arrive. Si le ballon polaire avait pu partir il y a quelques jours, il aurait sûrement aperçu le *Fram* sur sa route ; mais l'homme propose et Dieu dispose !

« Déception pour l'expédition Andrée's Polar... Joie et

triomphe pour l'expédition Nansen, si son chef revient bientôt.

« M. Andrée attache à la boutonnière du capitaine une rose : la France, très parfumée, fleur rare au Spitzberg, et lui offre une boîte d'excellents cigares, cadeau très apprécié par nos aimables hôtes ; puis l'embarcation ramène les marins à leur navire, après les hourras de l'équipage du *Virgo*.

« Par une neige fine et froide, à 5 heures du soir, nous rendons notre visite au *Fram*, dont nous prenons des photographies.

« En approchant du navire, une vingtaine de chiens de la Sibérie, rangés à l'avant, nous accueillent par une bordée d'aboiements ; mais ils reconnaissent en nous des amis, et leurs cris sont plutôt des cris de joie que des marques d'hostilité. Ils sont tout heureux de nos caresses. Le capitaine Sverdrup nous fait les honneurs du navire, qui n'a pas les raffinements de l'élégance de l'*Erline Jarl*, mais qui inspire de la confiance par son apparence robuste. C'est le traditionnel bateau norvégien avec sa coque en bois, très renforcée, ses mâts et son bordage taillés à coups de serpe ; à l'avant, les embarcations retournées et posées sur des charpentes forment une espèce d'abri sous lequel sont suspendus une vingtaine de jambons d'ours, en partie dépecés et desséchés ; des oiseaux comestibles fraîchement tués ; puis des barils, des objets de toutes sortes : treuil, ancres, cordages, etc. A l'arrière, le gouvernail, placé dans un puits carré pratiqué dans la coque du navire. A côté, un gouvernail de rechange, pièce de bois très massive ; la boussole, les instruments et agrès nécessaires.

« Je fais une station dans le poste d'observation, où le lieutenant nous fait part de ses travaux et nous montre des cartes du voyage ; puis nous descendons aux cabines, en passant près de la cuisine qui exhale un fumet fort agréable.

« Après une dizaine de marches dans un escalier très obscur, je me trouve dans un salon de forme hexagonale qui ne manque pas d'originalité. Une lampe à réflecteur, fixée au pilier central, répand une lumière vague, à laquelle mes yeux ont de la peine à s'habituer.

« Les boiseries, d'une ornementation primitive, sont peintes en blanc et rehaussées de couleurs tranchantes où le rouge et le vert dominent.

« Le fond du salon est meublé d'un divan très confortable, faisant face à la table qui doit servir aux marins à prendre leurs repas. Les murs sont ornés de plusieurs tableaux, dont l'un représente une légende norvégienne : ce sont trois princes qui se sont métamorphosés en ours blancs pour séduire trois princesses affolées, dont la chevelure s'envole vers le ciel. Les ours, bons princes, leur lèchent les pieds. Un autre tableau représente un portrait de Mme Nansen et de son enfant.

« Le salon est chauffé par un calorifère, qui entretient une température constante de 15 à 16°. Il reçoit l'air et la lumière par une lanterne vitrée, qui traverse le pont d'arrière.

« A gauche, un harmonium mécanique à clavier sert à distraire l'équipage dans les jours sombres.

« Un de nos hôtes, le mécanicien, nous en moud plusieurs airs ; c'est, ma foi, très original, et n'était le respect qu'on doit à Nansen, nous aurions invité la blonde Charlotte, la femme de chambre que vous connaissez, à danser, car les dames nous ont accompagnés.

« Depuis plus de trois ans les femmes n'avaient profané l'arche de Nansen ! Aussi quel empressement !...

« Les cabines des navigateurs rayonnent autour du salon, sur lequel elles prennent l'air, car elles n'ont pas d'ouvertures extérieures ; elles sont éclairées par des lampes murales... Celles du capitaine, du lieutenant et du docteur, avec les cartes, instruments, armes, objets multiples, sont très intéressantes : photographies et cent objets disparates forment un ensemble original. Dans toutes les cabines, le portrait de la bien-aimée !...

« Le capitaine nous montre la carte du voyage du *Fram* ainsi que le livre d'observations, puis nous fait voir une collection de photographies fort curieuses, qui représentent la vie et les émouvantes péripéties de l'équipage depuis le départ, en 1893. Le navire au milieu des glaces, l'hivernage, le campement, les glaciers, les icebergs, les observations, le mirage, les aurores boréales, le *Fram* enseveli sous la glace qui a failli l'engloutir, l'équipage travaillant quinze jours avec le pic à glace pour le déblayer, les traîneaux, les chiens, le moulin au mât de misaine destiné à actionner la dynamo électrique, le clair de lune, le départ de Nansen, etc., sont autant de tableaux qu'on ne peut regarder sans un serrement de cœur et qui laissent bien loin tout ce qu'a écrit et dépeint Jules Verne dans *le Capitaine Hatteras* !

« Nous quittons le *Fram* à 9 heures du soir, après de chaleureux adieux...

« Dans la nuit, l'expédition Nansen reprend paisiblement la route du sud. Il a encore à bord des vivres et du charbon pour trois années. »

L'EMPLOI DU TEMPS.

Nansen, dans son beau livre : *Vers le Pôle*, expose l'emploi du temps d'une journée sur les glaciers arctiques.

« Les jours se suivaient et se ressemblaient, écrit-il. A 8 heures, lever. Aussitôt après, déjeuner, composé de pain sec, de fromage, de corned beef ou de mouton conservé, etc. Trois fois par semaine, du pain frais. Comme boisson, du thé, du café ou du chocolat.

« Le repas achevé, nous allions donner la pitance aux chiens... »

Et alors il explique que chacun à tour de rôle avait sa semaine comme aide-cuisinier et maître d'hôtel. Pendant que le « coq » faisait ses comptes pour le dîner, les autres se réunissaient sur la banquise pour examiner son état. A 1 heure, dîner. Le menu se composait de trois plats : soupe, viande, dessert. Une fois le dîner terminé, les fumeurs se réunissaient dans la cuise, car il était interdit de fumer dans les logements, sauf les jours de fête. Puis, c'était la sieste ; après quoi, tous se remettaient au travail jusqu'au souper, c'est-à-dire à 6 heures du soir. La lecture et le jeu de cartes étaient les distractions de la soirée. Cependant, l'un d'eux jouait de l'orgue, un autre de l'accordéon.

A minuit, tous se couchaient, sauf l'homme de garde qui veillait pendant une heure, et qui occupait son temps à écrire le journal et à noter les observations météorologiques.

« Grâce à la régularité de notre existence, ajoute Nansen, le temps s'écoulait fort agréablement, et avec la plus grande rapidité. »

Nansen avoue qu'il ne s'est jamais mieux porté qu'au pôle Nord.

La fête nationale est observée, dans les régions polaires, par Nansen et ses compagnons. Ils portent un flot de rubans à la boutonnière. En signe de réjouissance, ils jouent au ballon et ils patinent.

ANDRÉE AU PÔLE NORD EN BALLON (1).

Salomon-Auguste Andrée naquit le 18 octobre 1854, à Grenna, petite ville dans la province de Smoiland; son père y était pharmacien. L'éducation paternelle, assez sévère, inculqua de bonne heure aux enfants Andrée l'obéissance et la ponctualité.

Ses études scolaires finies, le jeune Andrée entra à l'École technique, institution qui répond. en Suède, à l'École polytechnique en France, mais destinée exclusive-

____

(1) *Andrée*, 1 vol. illustré, 3 fr. 50, librairie Nilsson.

ment aux ingénieurs civils, les officiers de l'artillerie et du génie ayant une école supérieure à part. Il choisit la division de mécanique de l'école et en sortit ingénieur ; puis, il travailla quelque temps, selon l'usage assez fréquent en Suède, comme simple ouvrier mécanicien dans une usine, participant de la vie d'un simple manouvrier. Il fit plus tard des voyages d'études à l'étranger.

Ses connaissances, tant théoriques que pratiques, lui valurent la distinction d'être nommé, à vingt-six ans, professeur suppléant de physique pure et appliquée à l'École technique.

A vingt-huit ans, en 1892, il fit partie d'une expédition suédoise météorologique au Spitzberg ; il y hiverna jusqu'à l'année suivante, dirigeant les expéditions et les observations de l'électricité atmosphérique.

En 1884, Andrée fut nommé ingénieur supérieur du Bureau des Brevets, poste qui venait d'être créé ; et de 1886 à 1889, il occupa en même temps une chaire de l'École technique de Stockholm.

Cependant, la direction du Bureau des Brevets, poste de première importance, exigeait tout son temps et toutes ses forces et Andrée se vit obligé de renoncer au professorat. Mais, ce à quoi il ne put renoncer, c'est à la pensée de l'aérostation scientifique, problème qui, dès sa prime jeunesse, l'avait toujours préoccupé.

L'Académie des Sciences suédoise, qui compte parmi ses membres des hommes illustres tels que O. Nordenskjöld, G. Retzius, le mathématicien G. Mittaz-Leffler, les antiquaires H. Hildebran et O. Montelius, et d'autres encore, connus

et estimés du monde savant, prêta attention aux projets
d'Andrée et, en 1892, il eut de l'Académie et de la Fondation
« à la mémoire de L.-J. Hjeria » une subvention pour
entreprendre de l'aérostation scientifique, ce qui ne s'était
jamais encore fait en Suède.

Dès lors, Andrée se livra à l'aérostation et fit sa première ascension à Stockholm, dans l'été de 1893.

Il fit ensuite un certain nombre d'ascensions, dont quel-
ques-unes furent des plus périlleuses et se terminèrent
par un naufrage dans la Baltique ; l'une, entre autres, le
conduisit de Gothenbourg au-dessus de la Baltique, après
avoir traversé la Suède dans sa largeur ; l'atterrissage offrit
les plus grandes difficultés sur les récifs qui bordent l'île
de Goëland. Cette dernière épreuve faillit coûter la vie à
Andrée ; mais ces petits accidents n'étaient pas de nature
à décourager un homme de son tempérament.

Il fit plusieurs expériences de déviation à l'aide d'un
guide-rope et d'une voile et conclut qu'il était possible de
corriger la marche du ballon, tout en le maintenant à une
faible hauteur.

Puis, au commencement de l'année 1895, Andrée présenta
à l'Académie des sciences le projet mûrement étudié d'explorer en ballon la région du pôle Nord ; le départ devait
avoir lieu du Spitzberg où se ferait le gonflement de l'aérostat.

Les frais calculés s'élevaient à 130.000 couronnes (environ 180.500 francs).

On ouvrit une souscription nationale. qui fut couverte
en quelques jours par de généreux donateurs.

Couronnes

M. A. Nobel, de regrettée mémoire, s'inscrivit
pour 65.000
Le roi de Suède, voulant témoigner l'intérêt qu'il
portait à l'expédition, en donna 30 000
Le baron Dickson, bien connu pour sa libéralité,
donna aussi 30.000

La somme fut complétée par M. C.-R. Lamm et quelques autres donateurs.

M. C.-R. Lamm prit, en outre, à sa charge la partie mécanique des principaux appareils.

Une fois le côté économique assuré, Andrée fit plusieurs voyages à travers l'Europe pour se mettre en communication personnelle avec les célébrités scientifiques étrangères et les faire entrer dans ses vues sur cette entreprise hardie. Il visita successivement les établissements aéronautiques, se procura en même temps les tissus employés et recueillit les avis des divers constructeurs.

Puis, de retour à Stockholm, il essaya avec soin les échantillons qu'il avait apportés, s'intéressa aux produits anglais et allemands, mais donna la préférence à l'industrie française, arrêta définitivement son choix au ponghee de Chine collé au vernis en double, triple, quadruple épaisseur, tissu préconisé et expérimenté depuis plusieurs années déjà par M. H. Lachambre, à qui il confia le soin de construire l'aérostat, avec cette condition que M. Lachambre suivrait l'expédition au Spitzberg, où il prêterait le concours de son expérience.

On connaît l'issue fatale de cette expérience. Andrée partit en annonçant que son voyage durerait pour le moins trois années. Trois années s'écoulèrent, on n'eut plus de nouvelles de lui. On espéra longtemps mais en vain. La science l'a inscrit dans son long martyrologe, au nombre des vaillants pionniers que les mers polaires n'ont jamais rendus.

Nous trouvons dans le livre sur Andrée une curieuse relation sur l'étrange phénomène du soleil de minuit. Nous la reproduisons *in extenso* :

« *Vendredi 3 juillet.* — Je n'ai pas mis pied à terre aujourd'hui : il fait depuis trois jours un temps épouvantable et je me demande si le hangar pourra résister à la poussée d'un tel vent ; toutefois, c'est un vent est-sud-est qui conviendrait parfaitement pour le voyage, mais le départ serait bien difficile dans ces conditions ; cela retarde le travail des charpentiers, et le hangar ne monte guère vite. Je me suis beaucoup ennuyé aujourd'hui et j'ai été heureux de relire tous les vieux journaux qui servaient d'emballage, car je ne suis pas très bien monté en fait d'œuvres purement littéraires ; quelques volumes seulement composent ma bibliothèque. J'ai relu aussi l'expédition de *la Jeannette*, prêtée par M. Andrée, et dont les épisodes dramatiques ne sont pas faits pour relever le cœur. Quel climat extraordinaire !

« Dans cette contrée, les beaux jours sont rares ; cependant, il fait clair toute la nuit, mais depuis longtemps on ne voit guère le soleil ; le thermomètre reste à peu près à zéro.

« Mais le soleil de minuit!... Quel inoubliable spectacle que celui de cette mer polaire dans ces nuits radieuses !

« Dès que le brouillard déchire ses voiles et laisse à l'œil toute liberté pour parcourir l'horizon, c'est une succession sans fin d'édifices de glace, de châteaux forts, de cathédrales, de constructions fantastiques, les uns immobiles dans une majestueuse insouciance du flot qui caresse leurs puissantes assises, les autres se déplaçant lentement, malgré leur masse prodigieuse, et, à chaque oscillation de leurs faces étincelantes, laissant jaillir de leurs flancs d'albâtre des fusées d'émeraudes, de rubis et de saphirs.

« Des vastes parois de ces icebergs ruissellent de nombreuses cascades allant se déverser dans des bassins formés dans les bases mêmes de ces monstrueuses montagnes de glace, pour aller ensuite se perdre dans les eaux de la mer ; et toutes ces chutes, grandes et petites, s'illuminent des chauds et rouges rayons d'un splendide soleil.

« Cette nature polaire, que l'on croit si pauvre, si glacée, si inerte, dans des régions que de ternes et froids récits de voyages nous font seuls connaître, cette nature prodigue à mes yeux toute une étincelante et fulgurante bijouterie, véritable feu d'artifice d'un autre monde, que les rayons du soleil font éclore et varier vingt fois en une minute.

« Et tout cela se repose, divins écrins sur des velours d'une variété inouïe, vert tendre, rose pâle, rouge orangé, cramoisi, rouge ardent, pourpre, jaune d'or, violet, bleu

céleste, velours admirable, aux teintes profondes, suaves
et délicatement nuancées que l'eau calme et irradiée se
charge de tisser pour le plus grand ravissement des yeux
et de l'âme.

« O homme, qu'es-tu devant ce spectacle sublime !

« Que deviennent, auprès de cette toute-puissante, gran-
diose nature, tes artifices les plus ingénieux inventés
pour te charmer toi-même par l'excès de merveilles accumulées !

« Comme les plus superbes décors de tes théâtres sont
peu de chose quand on les compare à ce qui se voit ici,
ici où l'eau seulement et le soleil se charge de la mise en
scène ; que sont toutes les merveilles enfantées par ton
cerveau, par ton industrie souveraine, auprès des mira-
cles de coloris et d'éclat engendrés par un rayon lumi-
neux pénétrant un fragment de glace !

« *Mardi 7 juillet.* — Il a fait samedi un très mauvais temps ;
dimanche, l'atmosphère s'est un peu calmée, et hier lundi,
il a fait une journée superbe ; nous en avons profité pour
faire une intéressante excursion à la baie de la Magdeleina
avec le canot à vapeur. La presqu'île contient une immense
nécropole qui date de plusieurs siècles ; c'est ici que les
baleiniers de Smeerenburg venaient ensevelir leurs morts.

« Nous avons tué un énorme phoque qui a failli faire cha-
virer le bateau en l'embarquant. M. Strindberg, lui, a abattu
un renard noir au pied d'un glacier.

« Au milieu de la fièvre du travail, les jours s'écoulent
dans l'anxiété, car nous sommes sans nouvelles d'Europe.
Je suis déjà atteint par le spleen, lorsque, enfin, le 12 juillet,

dans la soirée, après une journée très maussade, le matelot de quart signale tout à coup l'arrivée d'un petit sloop, qui doit apporter notre courrier ; en quelques instants tout le monde est sur le pont, et le capitaine du petit bateau *Expres* nous remet un énorme ballot de lettres, que M. Andrée distribue à chacun ; pour ma part, j'en reçois quatorze, et il me serait difficile d'exprimer la joie que j'ai éprouvée en cet instant.

« L'*Expres* amène six touristes anglais et allemands, venus un peu tôt pour assister au départ du ballon ; ils sont reçus au *Virgo*, et s'intéressent très vivement au projet de M. Andrée... »

CHAPITRE XI

Ce que dit la Presse Française de la découverte du Pôle Nord.

L'opinion des Français.

La nouvelle de la découverte du pôle Nord a causé en France plus de surprise que d'émotion véritable.

Depuis trois siècles que tant d'explorateurs avaient fait de vains efforts pour y parvenir, ou étaient morts glorieusement à la peine, on avait pris l'habitude de considérer ce point du globe comme inaccessible. A l'égal de maintes recherches judiciaires infructueuses, c'était une affaire classée.

Et l'on s'en consolait d'ailleurs facilement, étant donnée l'inutilité pratique d'une telle découverte.

Il y a beau temps que l'hypothèse d'une mer libre autour du Pôle — mer pouvant servir aux communications rapides entre l'Europe, l'Asie et l'Amérique — était passée à l'état d'utopie.

Les précurseurs de Cook et de Peary-Nansen notamment

— s'étaient suffisamment rapprochés du *lieu mystérieux* pour constater l'inexistence de cette mer libre, et pour se rendre compte en même temps que la petite portion du globe restant à explorer ne pouvait différer en rien des parages qu'ils avaient atteints.

Donc la nouvelle que Cook et Peary avaient planté le drapeau américain au pôle a produit juste en France le même effet que l'annonce d'un beau record quelconque.

Cette impression a été d'ailleurs plus ou moins universellement partagée : en Angleterre, en Allemagne, en Autriche, notamment. Même par M. Taft, en dépit des chaudes félicitations qu'il a envoyées à l'un et l'autre explorateurs. Quand le commandant Peary — rééditant la phrase du vainqueur de l'amiral Cervera, offrant à la nation américaine, pour l'anniversaire de son indépendance, la destruction de la flotte espagnole — télégraphia au président Taft : « Je vous offre le pôle Nord », celui-ci ne put réprimer cette réflexion involontaire : « Que veut-il que j'en fasse ? »

Ce qui a surtout impressionné en France, c'est la compétition plutôt comique des deux explorateurs, se disputant la primeur de la merveilleuse découverte, avant même que celle-ci eût été dûment vérifiée.

Le côté amusant d'une pareille discussion — rappelant celle des médecins, il y a trois ans, qui croyaient avoir trouvé le vaccin de la tuberculose — n'empêche pas l'admiration sincère des Français pour les deux hommes, de courage, d'énergie et d'extraordinaire habileté, qui ont eu l'intelligence de mener à bien la périlleuse entreprise où nul homme n'avait réussi jusque-là.

La chose était d'autant plus surprenante, que deux explorateurs avaient accompli presque simultanément le tour de force réputé impossible.

« A peine sommes-nous remis de l'étonnement que
« nous causa la nouvelle de la découverte du pôle Nord
« par le docteur Cook, dit *le Figaro*, que nous apprenons
« que le commandant Peary, de la marine des États-Unis,
« vient à son tour d'atteindre le pôle Nord. »

Et aussitôt le journal parisien d'abonder en détails sur l'expédition du glorieux explorateur et de mentionner entre autres que Mme Peary accompagna son mari au cours d'un de ses précédents voyages, et donna le jour, à l'extrémité nord du Groënland, à Mlle Peary leur fille, qui se trouve être ainsi la personne du monde entier née sous la latitude la plus élevée.

Le Gaulois, non moins enthousiaste, donne sur le docteur Cook les quelques intéressants détails biographiques qui suivent :

« C'est un homme d'une quarantaine d'années, mais solide, robuste, taillé en force, d'une énergie qui se révèle dans les traits. Il porte toute la barbe. Sa physionomie est sympathique. On devine en lui un tempérament froid, calme, résolu. C'est un *self made man* dans toute l'acception du terme. Son père, médecin à New-York, mourut jeune, laissant une veuve et quatre enfants en bas âge. La gêne survint au foyer en deuil. Le jeune Cook dut accepter un petit emploi à Brooklyn, au marché aux légumes. Puis, avec ses économies, il acheta une petite laiterie et, tout en débitant du lait à ses clients, il trouva le moyen de suivre les cours de l'Université de Columbia, où il se rendait à pied, tous les jours, malgré la distance. Au bout de quelques années, Cook décrocha son diplôme de médecin, vendit sa laiterie et ouvrit un cabinet médical. C'est à cette époque qu'il fut engagé par le lieutenant Peary comme médecin de l'expédition qu'il préparait au pôle Nord. »

Le Figaro dit encore à propos de Cook :

« Le docteur américain, à qui reviendra l'honneur d'avoir triomphé là où tant d'autres ont échoué avant lui, est un explorateur polaire d'une telle expérience et d'une telle valeur que l'on peut croire à la complète réussite de sa tentative.

« Mais d'autre part — autant du moins qu'on en peut juger par les renseignements télégraphiques et forcément hâtifs qui nous sont parvenus jusqu'ici — il faut, pour proclamer son succès, admettre qu'il a pu parcourir en trente-six jours, soit à raison de 18 kilomètres par jour, les 650 kilomètres qui séparent le Pôle du cap Hubbard.

« Or, une semblable performance ne correspond nullement à ce que les précédents explorateurs ont pu accomplir. En 1870, Markham et, plus près de nous, le commandant Peary se heurtèrent à des obstacles presque insurmontables qui entravèrent et empêchèrent leur marche en avant. »

Ces obstacles, insurmontables, pour leurs prédécesseurs, ne l'ont pas été pour les deux héros du jour, et l'on sait que la rapidité extraordinaire des marches de Cook, qui avait éveillé d'abord le scepticisme du public, a été dépassée encore par celle des marches de son rival Peary. Donc elle n'a rien d'invraisemblable.

D'ailleurs, ajoute le grand journal parisien :

« Le docteur Cook possède une longue expérience des expéditions polaires. En 1891-1892, il prit part à la première tentative de son compatriote Peary. Quelques années plus tard, en 1897, lorsque M. de Gerlache organisa son voyage aux terres antarctiques, à bord de la *Belgica*, il s'offrit pour être le médecin de l'expédition et il rejoignit à Rio de Janeiro le navire belge, dont il suivit la fortune. Entre temps il effectua des ascensions hardies dans l'Alaska. Les diverses Sociétés de Géographie d'Europe lui ont décerné des témoignages d'estime et tous ceux qui le connaissent et l'ont vu à l'œuvre, ses compagnons de la *Belgica*, notamment, affirment qu'il est on ne peut mieux qualifié pour accomplir l'exploit qui l'a rendu célèbre dans le monde entier. »

En Belgique on est unanime à croire à la véracité de ses récits.

Si donc le docteur Cook a encore des détracteurs que sa découverte laisse incrédules, il compte, en revanche, des partisans enthousiastes et de plus en plus nombreux.

Dans la compétition de Cook et de Peary, la presse française, pas plus que l'opinion, ne semble prendre parti pour l'un ou pour l'autre. Elle admet parfaitement que les deux champions aient pu accomplir le même exploit et les journaux se contentent de reproduire impartialement les dires de chacun :

« Les amis et partisans de Peary sont très excités, comme bien on pense contre le pauvre docteur qui a eu la témérité de vouloir découvrir lê pôle à lui tout seul et l'audace de vouloir faire croire qu'il l'avait découvert. Ils affirment, d'après un télégramme venu du *Roosevelt*, que Peary a la preuve de l'imposture de Cook. A ces accusations que répond Cook ? Ceci tout simplement que renonçant à se rendre à Bruxelles, il va partir directement pour l'Amérique, afin d'avoir une confrontation avec Peary. »

Telle est la note impartiale-des journaux français, qui attendent sans opinion préconçue que les deux champions américains aient tranché leur différend.

« Nous avons publié hier, dit *la Liberté*, un court résumé de l'expédition Peary, télégraphié par lui-même du Labrador à Terre-Neuve. Disons tout de suite que ce télégramme semble établir d'une façon incontestable que le vaillant explorateur est parvenu au Pôle. Son rapport rappelle d'abord exactement le compte rendu de son voyage de 1905.

« Ce sont les mêmes péripéties, les mêmes angoisses à travers les brumes, les glaçons flottants et les énormes icebergs pendant toute la durée de l'expédition à bord du *Roosevelt* dans le détroit de Smith, le bassin de Kane, le bassin de Hall, le détroit de Robesson, entre les promontoires glacés du Groënland à l'est et les terres de Grinnell et de Grant à l'ouest.

« C'est à la fin de février 1909 que la colonne se met en marche de Crane-City pour le Pôle.

« Elle comprend 7 membres de l'expédition, 17 Esquimaux, 103 chiens et 19 traîneaux.

« La route est souvent barrée par un chenal qu'on ne peut franchir ; il faut attendre que la glace reprenne ou faire un long détour. Le 5 mars, les voyageurs aperçoivent à midi, pendant quelques minutes, le soleil rouge qu'ils n'avaient pas vu depuis octobre. A la troisième étape, la colonne atteint 86°38′, battant les records de Nansen et de Cagni (duc des Abbruzes). La marche au Nord continue et Peary fait cette curieuse remarque que la lumière semble venir de toutes les directions.

« La glace était très mince à certains endroits et des crevasses s'ouvrent même à quelques mètres des traîneaux. »

Nous extrayons de *la Patrie* :

« Il est à peine besoin de dire que l'on suit, avec un vif intérêt, à la Société de Géographie, la controverse engagée entre le commandant Peary et le docteur Cook.

« L'un des attachés les plus anciens et les plus érudits de la Société, M. Demosof, nous a dit, à ce sujet, ce matin :
« Pour que notre société songe à intervenir dans ce débat, il faudrait qu'elle se trouvât appelée à servir d'arbitre entre les deux explorateurs aux prises. En dehors de ce cas peu probable, nous ne pouvons, ici, émettre que des opinions individuelles,

« Pour ma part, j'ai souvenir d'avoir vu le docteur Cook il y a une dizaine d'années, aux côtés du commandant Gerlachelongue ; cet explorateur fut reçu par la Société de géographie de Paris. Il m'a fait incontestablement l'effet d'un homme énergique, mais tous ceux qui affrontent les régions polaires peuvent prétendre à ce qualificatif.

« Quant au commandant Peary, si nous ne l'avons pas vu personnellement, nous savons qui il est et de quoi il est capable, puisque la Société de Géographie de Paris lui a accordé, pour l'ensemble de ses expéditions arctiques, sa grande médaille d'or qui lui fut remise par M. Cordier.

« En somme, tout ce que l'on peut dire, c'est que les moyens dont disposait le docteur Cook semblent bien rudimentaires, et que le commandant Peary était assurément mieux préparé et mieux outillé pour atteindre le but.

« Cela ne signifie nullement, d'ailleurs, que Cook soit un imposteur, lorsqu'il prétend l'avoir atteint le premier. Il faut lui donner tout le temps de fournir ses preuves. De quelle nature sont-elles ? Nous le verrons bien. En tout cas, ne comptons pour rien le drapeau planté par lui au Pôle. La glace en dérive ne permet, sur l'Océan arctique, aucune fixation réelle.

« C'est bien pourquoi rien n'autorise à mettre en doute la bonne foi du docteur Cook. Il est allé, ou il a cru qu'il était allé au Pôle. De même, Peary a très bien pu aller dans une région avoisinante sans rencontrer son rival. Le pôle Nord n'est pas un point précis. C'est un désert embrumé sur un sol mouvant. Les erreurs d'appréciation y doivent être aisées !... »

Pour conclure, notre aimable interlocuteur nous répète que la Société de Géographie demeure étrangère au débat. Si l'un ou l'autre des deux explorateurs venait par extraordinaire à Paris dans les circonstances actuelles, il serait reçu avec courtoisie mais non pas officiellement.

Plus tard on verra...

La Presse, toutefois, déclare le 10 septembre :

« Le débat continue, de plus en plus vif, sur la question de la découverte du Pôle. Peary attaque Cook avec âpreté; celui-ci riposte avec acrimonie. Mais l'attitude de Cook est vraiment singulière, et sa cause semble de jour en jour perdre du terrain. »

L'Intransigeant, dans un article intitulé : « En attendant la rencontre », prend assez gaiement les choses et se contente d'établir le bilan des deux voyageurs comme suit :

PEARY	COOK
6 juillet 1908	4 juillet 1907
Départ de New-York	Départ de New-York
18 août 1908	19 février 1908
Départ d'Etah	Départ d'Annootok
6 avril 1909	21 avril 1908
Découverte du pôle	Découverte du pôle
6 septembre 1909	1er septembre 1909
Retour au Labrador	Retour à Lerwick

Puis il ajoute ce simple commentaire, dépourvu de tout parti pris sur le *duel des revenants* :

« On remarquera que Cook, parti d'une ville qui se trouve à 32 kilomètres du point de départ de Peary, a mis deux mois à atteindre le Pôle, tandis que Peary, pour le même trajet, a mis huit mois. Cook a mis un mois à faire, à travers la glace, 740 kilomètres. C'est un beau record.

« Pour le retour, on constatera que Peary a mis cinq mois tandis que Cook, moins pressé, mettait dix-sept mois à revenir.

« Ces chiffres sont très commentés, à tort peut-être, par les adversaires de Cook. »

Finalement l'*Intransigeant* termine par cette réflexion sceptique et plutôt peu encourageante :

« Peary, peut-être — Cook, hum?... »

Le *Journal*, très impartialement aussi, enregistre le pour et le contre. Il envoie le 4 septembre un reporter interviewer à Copenhague le docteur Cook, dont il reproduit le récit de voyage et les déclarations : Comme quoi le hardi explorateur est parti après des préparatifs seulement très sommaires, mais a eu la chance, dès le commencement, de se procurer des vivres abondants par des chasses fructueuses ; les détails de sa marche rapide, les difficultés qu'il a rencontrées en route, les souffrances qu'il a endurées, surtout pendant son retour. Le docteur Cook ne retrouva plus les dépôts de vivres échelonnés par lui lors de sa marche en avant. La faim le tenailla terriblement, lui et ses deux Esquimaux. Ils cherchèrent à tuer des morses pour se soutenir de leur graisse, mais leurs provisions de cartouches s'épuisèrent. Ils finirent par rencontrer des cabanes d'Esquimaux abandonnées où ils séjournèrent pendant trois mois et furent réduits à fabriquer avec leur dernier traîneau des arcs et des flèches pour chasser les bœufs musqués et les ours. Mais arcs et flèches fonctionnaient mal ; un jour ils furent cernés par les ours qui devenaient de plus en plus hardis dans leurs attaques.

— Mais les preuves ? interroge le reporter, comment comptez-vous, docteur, venir à bout des adversaires qui douteront de la véracité de votre découverte ?

— Par mes carnets de notes, répond celui-ci, et le témoignage de plusieurs capitaines de commerce groënlandais qui les ont contrôlées.

Il fait en outre très justement remarquer que Peary et Nansen ont toujours été crus sur parole. De plus, n'a-t-il pas laissé « sa carte de visite » au pôle Nord ?

Puis le *Journal* enregistre, au fur et à mesure qu'elles se produisent, les contradictions et réponses des adversaires, absolument comme un marqueur de tir.

Le *Matin* a opéré à peu près de même et notamment donné un sensationnel récit du voyage de Peary.

« Après avoir passé le 88ᵉ parallèle, raconte Peary, la course du soleil était devenue sensiblement horizontale pour nos yeux. » Observation qui a été faite aussi par le docteur Cook, ce qui tendrait à prouver que les deux explorateurs ont bien parcouru les mêmes parages.

Peary continue :

« Une marche d'environ dix heures à bonne allure, et pendant laquelle nous couvrîmes 25 milles, nous amena au delà du 88° parallèle.

« Pendant que nous étions occupés à construire des huttes de neige pour notre campement, une longue crevasse se forma à l'est et au sud-est, à quelques milles de notre position. Nous prîmes quelques heures de sommeil et nous nous remîmes de nouveau en route.

« Débarrassés de tout bagage encombrant, nous pouvions faire des étapes aussi longues que nous le voulions, à condition de nous priver un peu de notre ration de sommeil quotidien. Le temps était beau, et nous marchions à peu près dans les mêmes conditions que le jour précédent, à cela près que nous dûmes quelquefois frayer la route à nos traîneaux à coups de pioche. Cela nous causa quelque retard, qui fut augmenté par la rencontre d'une crevasse.

« Encore dix heures, encore 20 milles et nous étions à moitié chemin du 89° parallèle. La pression des glaces était assez forte et on entendait le grincement qu'elles produisaient les unes contre les autres. Mais pour l'œil aucun mouvement n'était apparent. Il était donc évident que ce mouvement des glaces s'apaisait et qu'elles tendaient à reprendre leur équilibre.

« Après nous être reposés quelques heures, à minuit nous étions de nouveau en route. Le temps et la route étaient bons, la surface de la glace était praticable, quoique coupée de place en place par des fissures, et aussi

unie que celle des parages du cap Ecla au cap Columbia,
mais plus dure.

« Les chiens firent près de 20 heures de route au
trot, ce qui représentait une distance parcourue d'environ
20 milles.

« Vers la fin de l'étape, nous eûmes à passer une crevasse d'une centaine de mètres de large, sur une glace
tellement mince qu'elle pliait sous le poids de nos traîneaux et qu'elle se brisa même au moment où le dernier
véhicule arrivait sur l'autre bord de la fissure.

« Nous étions alors tout près du 89e parallèle : la température était à ce moment de — 40°.

« Après quelques instants de sommeil, *nous franchis-
sions enfin le 89e parallèle*. .

« Quant au temps et à l'état de la glace, ils demeuraient si
satisfaisants que les chiens pouvaient par moments prendre
le galop. Nous fîmes ainsi 25 milles, et même un peu plus.
Le vent, très froid, nous coupait la figure si âprement
que notre peau se fendait. »

Somme toute, on peut être frappé par la similitude des
observations, impressions de voyage et descriptions de
Cook et de Peary ; il semble que loin de se contredire,
elles se corroborent plutôt, tendant à établir que les con-
tradicteurs ont l'un et l'autre accompli le même exploit.

CHAPITRE XII

Cook et Peary jugés par leurs compatriotes.

L'opinion des Américains.

La nouvelle de la découverte du Pôle *par un citoyen
américain* ne pouvait faire autrement que de déchaîner
dans la population des États-Unis, si fière de son patrio-
tisme, un enthousiasme indescriptible. Aussi le docteur
Cook commença-t-il par être célébré comme le plus grand
homme de l'Union. Dans leur for intérieur, bien des Américains durent même le considérer comme « le plus grand
homme du monde » et personne ne s'avisa un seul instant
de douter de l'exploit du docteur. Peary formula sa reven-
dication. Malheureusement pour Cook, ce compétiteur
était Américain aussi. Ses compatriotes n'avaient aucun
amour-propre à soutenir l'un plutôt que l'autre. Du moment que le drapeau américain flottait sur le Pôle, peu
leur importait le reste, et l'on fit la balance des mérites
des deux hommes. Comme en France, comme en Angleterre, comme partout ailleurs, on attend donc en Amérique

que chacun ait fourni ses preuves pour décider auquel reviendra la palme.

En attendant, le président Taft, pour ne pas faire de jaloux, leur a accordé à tous deux ses félicitations, qu'ils n'ont d'ailleurs, quoi qu'il en soit, pas usurpées.

Cependant Cook a l'air d'être plutôt lâché au profit de son concurrent.

Les explorateurs et les savants transatlantiques acceptent sans hésitation la parole du commandant Peary ; ils sont plus circonspects à l'égard de Cook.

Ce qui contribuerait surtout à rendre suspectes les assertions de ce dernier, c'est la pauvreté de son équipement pour une entreprise aussi colossale.

Toutefois, il y aurait une certaine humiliation à reconnaître comme un vulgaire bluffeur ou un maladroit qui se serait trompé le désormais célèbre docteur américain qui, sous ce rapport, pourra toujours compter sur un certain appui..

D'autre part, les savants américains commencent à trouver que la dignité scientifique et l'honneur du pavillon s'accommodent mal du ton d'injures auquel est arrivé la « querelle du Pôle. » Et il est regrettable de voir ces deux hommes, ayant vécu des mois entre le ciel et la glace, ne se retrouver dans le monde civilisé que pour se combattre avec acharnement.

Peary est certainement le plus ardent.

— Vos Esquimaux, déclare-t-il à son rival, disent que vous n'avez jamais quitté la terre ferme.

Cook répond que Sverdrupy ira interroger ces Esquimaux, et au besoin les ramènera.

Peary reproche à Cook de lui avoir pris ses chiens et les Esquimaux qu'il avait entraînés.

A quoi le docteur réplique que les Esquimaux sont libres de suivre qui les paie le mieux.

Le *New-York American* va même très loin dans ses accusations contre Cook, prétendant qu'il a « volé » les chiens de Peary, même ouvert les dépôts de Peary.

— C'est Peary, réplique Cook qui a profité de mes provisions, sous prétexte de venir à mon secours. Ce dont je l'excuse.

Peary reproche encore à son concurrent de n'avoir pas agi en homme d'honneur en tentant de le devancer.

Le *New-York Herald* donne le fac-simile des lettres, des chèques et autres pièces démontrant comment fut organisée l'expédition de Cook, qui aurait coûté à M. Bradley près de 200.000 livres, dont 50.000 étaient prévues pour dons à faire aux Esquimaux et à tous ceux qui favoriseraient le voyage.

Mais le docteur Robert Keely, de Philadelphie, qui accompagna Peary dans le Groënland septentrional en 1891-1892 et se lia intimement avec le docteur Cook, déclare que ce dernier doit être victime d'une hallucination.

« De ce que je sais de l'expédition Peary, déclare-t-il, et des régions polaires, je conclus à la bonne foi du docteur Cook, mais je le crois le jouet d'une hallucination. Je ne crois pas impossible d'atteindre le Pôle, mais je pense que l'entreprise est au-dessus des forces d'un seul homme.

« Quant aux Esquimaux, leur témoignage est sans valeur;

ils ne possèdent même pas une langue écrite et ne savent pas ce que les mots « pôle Nord » signifient.

« D'après les dires des explorateurs, jamais les glaces n'ont dérivé vers le Nord. Espérant avancer, certains ont essayé de faire prendre leur navire par les glaces, ils n'ont jamais obtenu de résultats. Quant à parcourir 100 milles en sept jours comme le docteur Cook veut nous le faire croire, c'est là une avance impossible. Je crois vraiment que l'explorateur est le jouet de son cerveau. »

Le contre-amiral Melville conteste la déclaration attribuée au docteur Cook et d'après laquelle ce dernier aurait trouvé un dépôt d'approvisionnement laissé par l'expédition Melville, contenant des vivres et des instruments scientifiques.

L'amiral dit que dans aucune de ses expéditions il n'a laissé de caisses contenant des instruments ou des vivres.

On télégraphie de Saint-Jean de Terre-Neuve que le capitaine Bartlett, commandant du *Roosevelt* — le navire de Peary — qui faisait route pour Château-Bay, annonce que le commandant Peary n'a pas trouvé trace de l'expédition du docteur Cook.

Ce dernier est infiniment moins acrimonieux que le commandant, car il déclare :

— J'espère que la découverte de Peary est vraie. Et je pense que les rapports de l'explorateur confirmeront les miens.

L'amiral Melville, si sceptique quand il s'agit de Cook, dit que connaissant depuis longtemps Peary, il a entièrement foi en ses paroles ; ajoutant que, lors de sa dernière expédition déjà, il ne fut séparé du but que par 200 milles et que seule une débâcle des glaces lui ferma la route. Quant à Cook, on se demande pourquoi il n'est pas rentré directement en Amérique.

Le *New-York Times* publie purement et simplement *in extenso* le récit fait par Peary de son voyage, sans parler de celui de Cook.

Le *New-York Sun*, qui tout d'abord s'était abstenu d'exprimer une opinion sur les déclarations du docteur Cook, a fini par se ranger du côté des sceptiques en disant :

« Nous pensons que c'est une circonstance fâcheuse qu'un exploit antérieur du docteur Cook, l'ascension du mont Mac-Kinley, ait été effectué dans des conditions qui se rapprochent beaucoup de celles qui ont amené la conquête du pôle Nord. Il était seul lorsqu'il gravit la montagne. Les géographes et les hommes de science ont été peu enclins à croire son récit à ce sujet et nous regrettons de dire que le mont Mac-Kinley est encore aujourd'hui officiellement à conquérir. Naturellement le docteur Cook était accompagné dans son expédition polaire par des indigènes, mais personne n'a jamais estimé que le témoignage de ces gens primitifs puisse, au point de vue scientifique, être de quelque valeur. »

En revanche, M. Bradley, le propriétaire du yacht qui conduisit Cook au Groënland, a été interviewé à propos de l'idée subite de cette expédition.

— Ce ne fut pas une idée subite, a-t-il répondu, et Cook est parti parfaitement équipé. Nous avions à bord 250 hectolitres de pétrole, très utile pour les Esquimaux, et deux barils de boules de gomme, dont ces gens se montrent très friands. Un Esquimau ferait 30 milles pour un paquet de boules de gomme !

Un manager de music-hall a câblé à Cook, à Copenhague, pour lui offrir 5.000 dollars par semaine, pendant dix semaines, s'il voulait paraître sur la scène.

La jalousie des deux explorateurs américains ne date pas d'aujourd'hui. Déjà, en mai 1908, avant son départ pour les régions polaires, le commandant Peary écrivait au *New-York Times* la lettre suivante, que ce journal a publiée à propos de la querelle :

« Je tiens à faire remarquer que le docteur Cook a établi son campement à Etah, qui a été mon point de rendez-vous et de dépôt pendant des années.

« Je remarque qu'il a pris avec lui les Esquimaux et les chiens réunis par moi à Etah pour les y trouver l'été dernier.

« Je remarque qu'il a approprié à son usage les services de ces Esquimaux que j'avais entraînés aux longs et durs travaux de la conduite des traîneaux et qu'il a utilisé leur connaissance approfondie des routes où l'on trouve du gibier et des territoires du Nord qu'ils ont acquise sous ma direction. »

Après s'être refusé à faire aucun commentaire sur la probabilité qu'il y avait que le docteur Cook atteignît le Pôle, le commandant Peary terminait sa lettre comme suit :

« Il y a une chose que je tiens à faire remarquer, c'est que le résultat de la présence du docteur Cook dans cette région sera de diminuer la force et les ressources des peuplades esquimaudes qui y séjournent, surtout en ce qui concerne le nombre des chiens qu'elles avaient rassemblés à Etah l'été dernier, en prévision de ma venue, et aussi d'amoindrir les ressources en gibier de cette même région, ressources qui me sont nécessaires et qui, dans les meilleures années, ne sont jamais considérables. »

Bref, comme on peut en juger la controverse, dégénérant en duel de plus en plus âpre, tend à rappeler les beaux jours de propagande électorale pour la course à la Présidence de la République. On a recours à tous les moyens pour intimider son adversaire, et afin d'enlever à Cook ses partisans, les Pearystes ont découvert qu'il est de race américaine moins pure que le commandant.

Cook était le fils d'un docteur en médecine allemand immigré à New-York, et dont le vrai nom serait Kock.

Il y a là certainement une manœuvre habile, mais il semble que les Américains feraient mieux de s'en rapporter exclusivement aux preuves qu'apporteront chacun des compétiteurs et finalement au jugement de leurs savants qui sauront mieux que personne juger des erreurs, si erreurs il y a.

CHAPITRE XIII

Ce que pensent les Anglais
(Cookistes ou Pearystes ?)

L'opinion des Anglais

Le public anglais semble avoir attaché plus d'importance que le public français à la découverte du pôle Nord. Il l'a prise plus au sérieux, peut-être parce que l'Angleterre prétend plus ou moins formellement avoir un droit de propriété sur ce qu'elle considère comme un prolongement du Canada.

Tout d'abord la sensationnelle nouvelle a été accueillie par nos voisins d'outre-Manche avec un certain scepticisme.

Si Cook s'est trompé, disaient dès la première heure les journaux anglais, sa position deviendra la moins enviable qu'il soit. Sans contester les dires du vaillant explorateur américain, son haut-fait leur paraissait tellement extraordinaire qu'ils ne pouvaient y croire.

Lorsque surgit la contestation du commandant Peary, l'événement perdit de ses proportions ; il n'était pas si impossible que cela, puisque deux hommes déjà s'en disputaient la gloire.

Mais, comme la presse française, la presse anglaise n'a pris parti définitivement pour aucun des champions. Ce qui ne l'empêche pas de suivre avec un vif intérêt les péripéties d'une compétition aussi inédite et de les relater scrupuleusement.

Toutefois, le *Standard* est plutôt sévère pour le docteur Cook quand il écrit :

« Bien que cela puisse paraître peu équitable au docteur Cook, il ne faut pas qu'il se formalise outre mesure si la nouvelle du merveilleux exploit du commandant Peary est généralement accueillie pour ainsi dire sans aucune réserve, alors que la nouvelle du succès du docteur américain fut reçue avec scepticisme. En attendant d'être plus amplement informés sur l'expédition du docteur Cook, nous saluerons et féliciterons le commandant Peary comme le premier homme ayant atteint le pôle Nord. »

Le *Times* dit de son côté :

« Bien qu'on n'ait reçu aucun détail concernant l'exploit accompli par le commandant Peary, la nouvelle de son succès ne sera pas accueillie avec la même incrédulité initiale qui salua le récit du docteur Cook. Les résultats scientifiques de l'expédition du commandant Peary seront sans doute beaucoup plus riches que ceux que le docteur Cook peut rapporter de sa ruée vers le pôle. »

Le *Daily Mail*, par contre, accueille et publie le télégramme suivant du docteur Cook :

« Quand les savants du monde entier auront examiné mes observations astronomiques, j'ai la plus entière confiance qu'ils accepteront sans réserves mes prétentions à la découverte du pôle Nord. Je crois mes données indiscutables ; elles sont le résultat de constatations détaillées, faites à l'aide des instruments les plus modernes, et je suis prêt à prendre la responsabilité de leur exactitude. »

Le *Daily Chronicle*, par contre, critique comme suit les déclarations du docteur Cook :

« Comment M. Cook a-t-il pu se séparer de ses registres et carnets en les expédiant du Groënland en Amérique, à bord d'une baleinière quelconque ? Ce sont des instruments infiniment précieux que les explorateurs gardent comme un trésor.

« D'autre part, la baleinière a dû partir avant le navire qui ramenait M. Cook ; pourquoi l'explorateur ne s'est-il pas embarqué lui-même?

« Il faut aussi remarquer que plus que tout autre, le docteur Cook avait des raisons pour conserver ses documents et il semble inadmissible qu'il s'en soit séparé au moment où il avait à prouver ses dires aux sociétés savantes d'Europe.

« Il dit avoir constaté une température de — 83° Farenheit et ajoute que ce n'est pas là une température anormale dans les régions arctiques. C'est une erreur. Le commandant Peary est parvenu dans les mêmes parages et il n'a jamais enregistré plus de — 67° Farenheit.

« M. Cook dit que le 24 avril il avait atteint 89° 59′ 46″ et qu'il ne fit ensuite qu'avancer de 14 secondes. Or le monde savant estime que dans les conditions où se trouvait l'explorateur, le résultat d'aucune observation ne pouvait être exprimé en secondes, même avec les instruments les plus perfectionnés, la possibilité d'erreur représentant au moins 10 milles.

« M. Cook parle de champs de neige pourpre ; or il n'y a de neige pourpre que sur la glace formée au-dessus de la terre. Par conséquent si Cook a vu de la neige pourpre au pôle, c'est qu'il y a de la terre ; et pourtant il dit avoir vu les dernières traces de Peary par 84° 47' de latitude .»

Le *Daily Telegraph* reproduit cette déclaration de Mme Peary elle-même :

« Je m'attendais à apprendre cette prétendue découverte depuis que je connaissais le départ du docteur Cook pour le pôle Nord, et, parmi nos relations, on n'en doutait pas non plus.

« Je ne puis oublier le soir de l'ascension du mont Mac-Kinley, sur laquelle le docteur Cook écrivit de longues lettres et décrivit la montagne ; mais, comme on lui demandait des détails plus précis sur son altitude, Cook répondit qu'il était si pressé qu'il n'avait pas eu le temps de mesurer cette altitude. »

Le *Daily Express* relate d'autre part que le docteur Cook dit avoir rencontré le 21 avril une température de — 29° au pôle. C'est à peu près celle que trouva le commandant Peary, qui déclare en avoir noté — 25. Il y a là une concordance qui ne peut échapper à personne.

De plus, M. Bradley a affirmé au *Times* avoir dépensé

plus de 10.000 dollars pour l'expédition du docteur Cook, et que les approvisionnements de ce dernier à Annatok comprenaient : 40 tonnes de charbon, de grandes quantités de pemmican, du sucre, du thé, du biscuit, des viandes fraîches, du bois pour les traîneaux, 10.000 boîtes d'allumettes, 120.000 boîtes de conserves, 150 gallons d'alcool, de la farine, du riz, des couteaux, de la menue verroterie pour donner aux Esquimaux.

Il n'était donc pas si dépourvu que d'aucuns ont bien voulu le dire.

De plus, Cook possédait un sextant en aluminium, plusieurs boussoles, etc.

Le secret de l'expédition n'avait été confié à personne ; le commandant du yacht de M. Bradley lui-même l'ignorait avant le mois d'août 1907.

Le secret avait pour but d'éviter que l'expédition ne fût devancée par Peary, qui recueillait alors des fonds pour une expédition semblable.

Au sujet de la rapidité du voyage, M. Bradley reconnaît que le docteur Cook eut à parcourir 550 milles, du 17 mars au 21 avril, mais il déclare que les traîneaux attelés de chiens peuvent faire 60 milles par jour sur la glace, quand elle est bonne.

« D'ailleurs, ajoute le *Times*, le docteur Cook avait accompli, en 1906, un exploit qui eut dans la presse américaine un retentissement considérable. Il réussit à atteindre, dans l'Alaska, le sommet du mont Mac-Kinley (20.300 pieds).

« Cette ascension est très périlleuse, étant donné la température glaciale qui sévit dans cette région et les affreux précipices que l'on y rencontre. L'exploit du docteur Cook fut, à l'époque, considéré comme aussi extraordinaire que la découverte du pôle Nord.

Le *Daily Mail* observe encore :

« Un des points les plus déconcertants de la double découverte du Pôle est que l'expédition Peary n'a rien su du docteur Cook avant d'être revenu au Labrador.

« Le docteur Cook débarqua à Etah au début de février 1908. Il se rendit à Annotook, 40 kilomètres plus loin, et, de là, partit pour le Pôle avec deux Esquimaux, le 9 février 1908.

« Or, Peary, avec ses deux navires, atteignit Etah en août 1908, moins de six mois après le départ de Cook, et il ne trouva aucune trace de celui-ci.

« Autre chose, le docteur Cook a déclaré qu'il avait laissé le registre de ses observations astronomiques à son ami, M. Harry Whitney, à Etah, au Groënland, et que celui-ci les emportait en Amérique.

« Or, M. Whitney vient de télégraphier chez lui, de Indian-Narbour, où se trouve Peary, disant qu'il ne retournera pas en Amérique avec ce dernier, mais qu'il arrivera seulement en octobre.

« Bien que M. Whitney soit censé posséder les documents du docteur Cook, le commandant Peary maintient définitivement qu'il a été le premier à atteindre le Pôle.

« Le commandant Peary a mis sept mois et demi pour franchir la distance entre Etah et le Pôle. Il a suffi, à Cook, de deux mois et deux jours.

« Peary avait avec lui quatre camarades blancs, 25 Esquimaux et 250 chiens. Cook se contentait de 2 Esquimaux avec 103 chiens.

« Peary est revenu du Pôle au Labrador exactement en cinq mois, Cook a mis 13 mois pour revenir du Pôle à Upernivik (Groënland). »

Pour résumer l'opinion de la Presse anglaise, on peut dire que sans prendre fait et cause formellement pour l'un des antagonistes au profit de l'autre, elle semble incliner toutefois en faveur de Peary qu'elle considère comme le plus sérieux.

Y aurait-il dans cette manière de voir une inconsciente prévention parce que Peary, officier de la marine américaine, serait personnage plus officiel que son concurrent, simple docteur en médecine ? *Chi lo sa* ? comme disent les Italiens, absolument désintéressés dans la question.

Toutefois, Cook ne doit pas manquer de partisans en Angleterre, comme en témoigne la question adressée par le député conservateur, M. Gibert Parker au président du Conseil, M. Asquith, lui demandant si la terre découverte au Pôle est considérée comme appartenant au Canada, ou si le fait que le *docteur Cook et le commandant Peary y ont planté le drapeau américain* donnerait un droit aux États-Unis sur cette région.

CHAPITRE XIV

Les régions arctiques. — Leurs habitants.
La faune et la flore boréales.

Les régions arctiques.

Les régions ou terres arctiques sont cette portion du globe qui s'étend entre le cercle polaire septentrional et le Pôle proprement dit, lequel n'est autre chose qu'un point géométrique où viennent se rejoindre tous les méridiens de la planète, et occupant en latitude le 90e degré.

Ces parages ne sont encore que très imparfaitement connus, un froid intense et les montagnes de glaces généralement mouvantes en défendant l'accès.

Ils comprennent un grand archipel au nord de l'Amérique, le Groënland (terre danoise) et des archipels de moindre importance appartenant à l'Europe et à l'Asie. La plupart de ces terres sont stériles et inhabitées, et jusqu'à ces derniers jours les plus hardis explorateurs n'étaient pas parvenus à les connaître complètement.

De tous temps cependant les efforts de l'humanité, toujours anxieuse de pénétrer un mystère, tendirent à explorer ces territoires désolés, et l'on fait remonter aux Argonautes la première tentative connue dans ce sens. Depuis des siècles les navigateurs du Nord ont vainement multiplié leurs essais, qui ont abouti chaque fois cependant à quelque nouvelle découverte, comme celle de l'Islande par les Normands, au moyen âge. Puis ce fut le tour successivement de l'île Jean Mayen, du Groënland, de l'archipel du Spitzberg, des îles François-Joseph, de la Nouvelle-Zemble, de la Nouvelle-Sibérie, etc. Personne jusqu'à Peary et Cook ne s'était avancé aussi loin que Nansen qui approcha jusqu'à 400 kilomètres du Pôle.

Lors des grandes découvertes maritimes contemporaines de Christophe Colomb, les navigateurs s'imaginèrent trouver par ces contrées un passage plus court pour aller de l'Europe aux Indes — car à cette époque on appelait les Indes indistinctement tous les territoires d'Asie ou d'Amérique nouvellement connus.

Les savants, déduisant de ce que la terre est une sphère aplatie aux pôles, crurent longtemps que la surface polaire se trouvant plus rapprochée du centre et par suite plus voisine du feu central, il suffisait de dépasser une certaine étendue de banquises pour trouver la mer libre et une température moins rigoureuse.

Mais les explorateurs ayant réussi à avancer de plus en plus vers le nord constatèrent l'erreur de cette hypothèse ; lors que Nansen parvint à 400 kilomètres du Pôle, c'est-à-dire à la moitié seulement de la distance Paris-Marseille, il devint évident que le faible espace restant ignoré ne pouvait guère différer de ce que l'on connaissait déjà.

Partiellement cependant les suppositions des anciens savants se sont trouvées vérifiées, en ce que Peary et Cook ont trouvé au Pôle une température plutôt moins rigoureuse que celle des étendues glacées qu'ils avaient dû franchir pour y parvenir.

Les terres arctiques sont plus rares du côté de la Sibérie que du côté de l'Amérique. A partir du détroit de Mackenzie jusqu'aux mers de Davis, de Baffin et au Groënland s'étend en effet un immense archipel glacé, dont la terminaison septentrionale est encore mal connue. Avoisinant immédiatement le nord des côtes américaines, se trouvent les terres de Banks, Wollaston, Prince-Albert, Victoria, Prince-de-Galles, Baffin, puis l'archipel Parry. Ce sont les côtes orientales du Groënland qui se prolongent le plus vers le nord.

Toutes ces terres demeurent l'année presque entière ensevelies sous les neiges et entourées d'icebergs, en dépit du soleil brûlant d'un court été.

Pendant toute la durée de cet été arctique le soleil ne se couche pas et la saison entière ne constitue qu'un seul et même long jour. En revanche, sitôt le retour de l'hiver, c'est la plus longue encore nuit arctique, que viennent éclairer seulement à intervalles les phénomènes météorologiques dits aurores boréales.

Le froid est si intense que l'humidité de l'air se condense en un brouillard d'aiguilles de glace.

Il est par suite fort difficile de faire des études scientifiques dans ces contrées. Seuls le Spitzberg et le Groënland ont été un peu sérieusement explorés ; le premier au point de vue géologique et le second au point de vue paléontologique.

Au nord de l'Europe et de l'Asie les terres étant moins septentrionales sont plus habitables.

Actuellement le pôle Nord est moins froid, plus accessible et plus entouré de terres que le pôle Sud, mais il n'en a pas toujours été ainsi.

La terre est douée non seulement du mouvement d'oscillation qui produit les saisons, elle subit une autre oscillation beaucoup plus ample et qui tous les 25.000 ans. change sa position vis-à-vis du soleil.

Le résultat de cette grande oscillation est d'opposer alternativement l'un des pôles plus favorablement à la lumière, et par suite à la chaleur solaire, au détriment de l'autre pôle, qui se revêt d'une calotte de glace beaucoup plus considérable.

Cette calotte de glace exerce sur la masse liquide des océans la même attraction que la lune, lorsqu'elle entraîne le flux, et, pendant toute la période, l'hémisphère au pôle le plus froid se trouve noyé, tandis que les terres de l'autre hémisphère se trouvent à découvert.

Telle est la raison du déluge qui, loin d'être une catastrophe accidentelle, comme on l'avait cru, n'est autre chose qu'une immense marée, graduelle et régulière.

Nous assistons actuellement au déluge de l'hémisphère austral, qui ne possède relativement pas de terres, et où l'on constate en effet des profondeurs maritimes de

6.000 mètres, tandis que la Manche, la mer du Nord, la Baltique dépassent rarement 100 mètres.

On calcule que le dernier déluge de notre hémisphère remonte à peu près à 13.000 ans, de sorte que depuis 500 ans environ nous retournons à un nouveau déluge.

Esquimaux et Lapons.

La plupart des terres polaires sont inhabitables.

D'abord, pour les raisons climatériques, ensuite à cause de leur pénurie de ressources. Surtout dans les îles situées au nord de l'Asie et de l'Europe, où l'on ne trouve que de rares tribus errantes de Samoyèdes et quelques Tchouktchis dans la Nouvelle Sibérie.

Par contre le Groënland (ou Terre Verte) est relativement peuplé, non seulement au sud, mais même au nord du cercle polaire.

Sur la côte occidentale sont échelonnés divers établissements danois.

Ceux de Juliansbaab, de Godthaab, de Godhaven.

Enfin, il faut mentionner Upernivic, la colonie la plus septentrionale du monde, située par 72°50′ de latitude.

Les Danois sont les seuls Européens qui aient tenté de constituer quelques villages dans ces régions extrêmes. Ils s'y livrent presque exclusivement à la pêche et à la chasse.

Mais ils sont reliés au reste du monde civilisé par de nombreux navires d'Europe ou des États-Unis.

La seule portion d'humanité quelque peu importante des

parages arctiques consiste en Esquimaux et en Lapons.

Les Esquimaux qui se donnént à eux-mêmes le nom d'*Innuit* (signifiant : hommes) habitent principalement le Groënland, la terre de Baffin, l'ouest et le nord du Labrador, le nord de la baie d'Hudson et les îles voisines.

Ils se sont répandus jusqu'au-delà du cercle polaire.

C'est une race de petits hommes trapus et bien charpentés, mais ne dépassant pas la taille de 1 m. 62.

Les femmes, plus petites encore, ne dépassent guère 1 m. 52.

Leur teint est d'un jaune clair, à l'aspect huileux.

Leurs cheveux sont épais et absolument noirs et droits.

Leur barbe est rare, leur face est large, à pommettes saillantes.

Leur nez petit est enfoncé dans les joues.

Leurs yeux bridés, et légèrement obliques.

Ils sont manifestement de race mongole, parents des Chinois et Japonais, et viennent probablement d'Asie, par l'Alaska.

Ils se vêtent généralement de peaux d'ours, de renne ou de chien.

Sur mer, ils remplacent ces fourrures par des peaux en cuir, ou en intestins de poissons, sans distinction de sexe. Et ils garantissent leurs yeux contre la réverbération du soleil sur la glace par des lunettes de bois, simplement percées d'une fente.

Leurs habitations ne sont pas les mêmes l'été que l'hiver.

En été ils vivent sous des tentes recouvertes de peaux de phoques.

L'hiver ils s'enfouissent dans des huttes creusées sous terre et sous la neige.

Leur mobilier est naturellement très rudimentaire ; il se compose essentiellement de bancs leur servant en même temps de sièges et de lits.

Le même objet leur sert à la fois d'instrument d'éclairage et de chauffage. C'est une espèce de récipient en schiste où brûle constamment de l'huile de poisson.

Les intérieurs d'Esquimaux dégagent une odeur épouvantable de poisson, de graisse et d'excréments.

Les hommes ne se lavent jamais. Les femmes se débarbouillent avec leur urine, dont elles adorent le parfum.

Les Esquimaux se nourrissent essentiellement de chasse et de pêche. Très courageux, ils ne craignent pas de s'attaquer aux grands animaux.

Pour aller à la pêche, ils ont deux sortes de bateaux : les *Umiak* assez grands pour recevoir toute une famille, et qu'ils manœuvrent en même temps à la voile et à la rame.

A côté de cela, ils ont le *Kayak* ou la périssoire, pour un individu seul.

Comme armes, ils ne se servent que de l'arc et des flèches de primitive mémoire, et du harpon pour pêcher les gros animaux marins.

Mais leurs harpons sont rarement en métal ; ils font la pointe généralement de morceaux d'os ou d'ivoire.

Les femmes sont comme chez les peuples à demi sauvages dans une condition inférieure, chargées de la plupart des travaux et mariées malgré leur volonté. Mais le mariage est plutôt rare. Généralement, c'est **un cumul de** polygamie et de polyandrie qui est pratiqué.

Les Esquimaux n'ont ni gouvernement, ni organisation politique. Le chef de famille est souverain maître chez lui, et ils ne reconnaissent pas d'autre autorité.

Parfois les vieillards ne pouvant plus suffire eux-mêmes à leurs besoins d'existence prient leurs enfants ou d'autres personnes de les étrangler, ce que ceux-ci ne sauraient leur refuser car c'est considéré comme un devoir.

En dépit de leur ignorance, les Esquimaux possèdent des âmes d'artistes. Ainsi on a souvent remarqué chez eux un goût marqué pour le dessin et la sculpture. Ils possèdent une littérature. Leurs langues encore mal connues paraissent se rattacher au groupe des langues agglutinantes.

Quant aux Lapons ou *Sami*, comme ils s'appellent, ils présentent avec les Esquimaux beaucoup d'analogies. Ce sont à proprement parler les Esquimaux d'Europe et d'Asie.

De petite taille, la peau d'un brun olivâtre, les cheveux noirs, droits, mais fins, la barbe rare, ils ont aussi les pommettes saillantes sur une face large et aux yeux bridés. Trapus comme les Esquimaux, ils se vêtent de peaux de renne en hiver et d'étoffe de laine en été. Ils portent même un pantalon qu'ils rentrent dans des bottes de peau.

Souvent les Lapons sont nomades ; parfois à moitié sédentaires, et vivent en été sous de petites tentes recouvertes de toile.

Comme les Esquimaux, ils vivent de chasse et de pêche.

Ils confectionnent des filets, des raquettes pour glisser sur la neige, et quelques objets en os.

Malgré leur ignorance, ils ont une littérature aussi et ont une langue qui semble se rattacher au finnois. Ils paraissent d'ailleurs être de race finnoise.

LA FAUNE ET LA FLORE BORÉALES.

La faune polaire est très pauvre en mammifères terrestres. Ce sont exclusivement des ours blancs, des renards bleus, des bœufs musqués, des rennes. On peut acclimater cependant le chien dans les contrées boréales : ainsi les chiens des Esquimaux qui sont de précieuses bêtes de trait, même les seules dont on puisse se servir dans l'extrême Nord.

Sans ces précieux animaux, aucun être humain n'aurait encore atteint le Pôle.

Ils sont de la race des lupoïdes, c'est-à-dire proches parents du loup, au museau un peu pointu, aux oreilles droites et au pelage fourré, ce qui leur permet d'affronter les grands froids.

A la même famille appartiennent le chien-berger, le chow-chow chinois, le chien poméranien, le chien des Fuégiens, etc.

Les chiens des Esquimaux présentent cette particularité, qu'au besoin ils se mangent entre eux, comme leurs frères loups, et en dépit du proverbe que les loups ne se mangent pas entre eux.

Ils ont à leur tour l'avantage d'être comestibles pour l'homme, qualité qu'ont eu souvent l'occasion d'apprécier les explorateurs.

L'ours blanc ou ours maritime, du genre Thalassarctos, est le plus grand des carnassiers et peut atteindre jusqu'à 2 m. 60 de longueur.

Il est spécial aux régions arctiques, mais a vécu autrefois jusque dans l'Europe centrale. Peut-être les restes qu'on y a retrouvés de lui remontent-ils à l'époque glaciaire. Il est très vorace, se nourrit de la chair de tous les autres animaux des contrées arctiques, et constitue avec le froid le plus terrible ennemi des explorateurs.

Le renard bleu ou isatis est ainsi nommé à cause de sa magnifique fourrure, qui varie du gris-bleu au blanc pur. Il est une richesse pour les contrées boréales, où il attire nombre de chasseurs.

S'il y a peu de mammifères terrestres autour du Pôle, celui-ci abonde, par contre, en mammifères marins.

C'est là que sont allées se réfugier notamment les dernières baleines, traquées dans toutes les autres mers du globe.

Il y a de même une grande abondance de phoques, de morses et de narvals, dauphins, etc., se nourrissant de zoophytes et crustacés, qui abondent.

Des goélands, des mouettes, des pétrels, des labbes : toute la variété des oiseaux de mer.

Chaque année il y vient s'y abattre en masses des canards, des oies, des eiders, des pluviers, des combattants, des lagopèdes, qui s'en retournent aux approches du froid.

Énormément de harengs.

Enfin, de nombreuses espèces d'oiseaux migrateurs.

Quant au règne végétal, il est excessivement pauvre et chétif.

Il ne présente qu'un petit nombre d'arbrisseaux rabougris : des pins, des mélèzes, des bouleaux et de rares saules nains.

Pendant l'été, qui est extraordinairement court, il se développe cependant avec une rapidité surprenante toute une végétation de phanérogames : des anémones, des renoncules, des saxifrages, le pavot à corole jaune, le précieux cochléaria et de l'oseille.

En fait de cryptogames, il y a abondance de fucus, de mousses, de lichens précieux pour la nourriture du renne, de champignons et de fougères.

Les Esquimaux eux-mêmes se nourrissent du lichen, après l'avoir fait bouillir ou l'avoir converti en une espèce de pain.

CHAPITRE XV

La découverte du pôle Nord devant la Science.

L'OPINION DES SAVANTS.

Ce que dit M. Lemosof, le bibliothécaire
de la Société de Géographie.

L'aimable savant, très au courant des explorations au
pôle Nord, s'exprime en ces termes :

« La Société de Géographie n'a pas encore reçu de
nouvelles de l'exploration de Cook. En ce qui me concerne spécialement, je ne vois dans ce haut fait rien d'invraisemblable étant donnée la personnalité de Cook.

« J'ai connu en effet ce navigateur, il y a quelques
années. Du moins, il y a les plus grandes chances pour
que ce soit lui. C'était un homme d'une quarantaine d'années environ, d'une rare énergie et très expérimenté en
ce qui concerne les explorations arctiques et antarctiques. Je le crois très capable, malgré les moyens très
sommaires dont il semble qu'il ait disposé, d'avoir enfin
atteint le Pôle qui, depuis un temps immémorial, a été

comme l'idée fixe de tous les navigateurs qui se sont ris-
qués dans les mers polaires. Consultez une collection de
leurs voyages et vous verrez qu'ils ne cessent de poser le
problème : « Atteindra-t-on et comment atteindra-t-on le
Pôle ?»

« En dehors de la difficulté vaincue, l'exploration du
Pôle a un intérêt scientifique considérable : 1° au point de
vue météorologique ; 2° au point de vue magnétique. Je
n'entrerai pas ici dans des détails à ce dernier point de
vue, détails forcément un peu ingrats et trop techniques.

« On n'imagine pas les difficultés effroyables qu'un explorateur polaire a à surmonter. D'abord un froid d'une
moyenne de 50 à 65° au-dessous de zéro. Amundsen me
racontait qu'il lui arrivait, lorsqu'il faisait bouillir de l'eau,
que la vapeur retombait en neige.

« Ensuite, pendant près de huit à neuf mois, l'obscurité.
Enfin, une marche extrêmement pénible. Il ne faut pas
songer à aller en traîneau : la glace n'est point, en effet,
unie, mais hérissée de petits pics, creusée d'excavations
de toutes sortes. De plus, il y a fort souvent des écroule-
ments de banquise, des brizzards, etc... Ajoutez à cela
qu'on ne trouve pas d'eau : car la glace des régions
arctiques ou antarctiques est de l'eau de mer congelée et,
par conséquent, non potable. Enfin, il faut emporter
d'énormes tonneaux d'alcool, pour pouvoir se réchauffer
dans les moments opportuns.

« Cet exploit, s'il est confirmé, est une des plus merveil-
leuses épopées de l'humanité et aura, au point de vue
géographique, un intérêt tout à fait spécial : on pourra

enfin savoir si la calotte sphérique est plate, comme le prétendent les uns, ou ronde, comme le soutiennent les autres. »

A l'observatoire.

Les astronomes de l'Observatoire sont moins affirmatifs; voici ce qu'un des savants a répondu à la Presse :

« On nous dit que le docteur Cook est arrivé au Pôle après trente-trois jours de voyage, à raison de 18 kilomètres par jour. Cela semble bien extraordinaire, au milieu des tourmentes de neige, sur un infini de glace. A moins que l'explorateur n'ait été favorisé par une chance inouïe, qu'il ait, par exemple, trouvé un passage libre le conduisant au Pôle.

« La portée scientifique de la découverte serait d'ailleurs considérable.

« C'est principalement au point de vue géographique que la chose serait intéressante. On pourrait relever exactement la configuration de la zone magnétique et déterminer la courbure du Pôle. On connaît approximativement l'aplatissement de la sphère terrestre au Pôle, mais on n'a aucune donnée précise sur ce point. »

Les remarques de M. Levasseur.

Enfin, M. Lévasseur, interviewé par un journal, a fait les déclarations suivantes :

« Le voyage du docteur Cook, si brillant qu'il soit, laissera beaucoup de blanc sur la carte.

« C'est l'expédition du duc des Abruzzes qui, après celle de Nansen, s'était rapprochée le plus du pôle Nord. Tous deux avaient pris le Spitzberg comme point de départ. Le docteur Cook, si j'en crois les indications sommaires données ce matin, est parti, lui, du Groënland.

« En ce cas, autant qu'on peut en juger, son voyage apparaît réellement extraordinaire. Il a dû faire un raid de 500 kilomètres sur la glace, et il parle d'une température de 83°, chiffre qui est, je crois, le plus bas que l'on ait jamais cité. Quelques détails m'étonnent : je ne dis pas qu'ils me mettent en défiance, ils troublent simplement les connaissances que nous pensions avoir en ces matières. Mais, gardons-nous d'épiloguer sur des renseignements peut-être inexactement rapportés par les journaux. L'explorateur seul a qualité pour nous édifier d'une façon certaine.

« A supposer, d'ailleurs, que le docteur Cook n'ait pas absolument atteint le Pôle, qu'importe ? Il est évident qu'un jour ou l'autre le Pôle cessera d'être mystérieux. L'est-il, d'ailleurs, réellement ? On sait, depuis un certain nombre d'années déjà, que si le pôle Sud est en terre ferme, en plein continent glaciaire, le pôle Nord se trouve au centre d'un immense océan, profond par endroits de 1.000 mètres, et que recouvre une épaisse couche de glace.

Y a-t-il des îles sur cet océan au delà du 85° degré ? Et le pôle Nord se trouve-t-il placé dans une de ces îles ? Voilà le seul point sur lequel nous espérons que nous renseignera utilement le docteur Cook.

En somme, attendons des détails complémentaires avant de risquer aucun commentaire approfondi.

CHAPITRE XVI

La découverte du pôle Nord au point de vue politique.

Il n'est pas probable que les peuples se fassent jamais la guerre au sujet du pôle Nord.

L'explorateur Peary, avec le beau geste d'un triomphateur, a dit à M. Taft : « Je vous apporte le pôle Nord, prenez-le », et M. Taft a répondu, bon prince et bon pince-sans-rire : « Je vous remercie infiniment, mais qu'en pourrai-je faire ? »

Or, voilà que la question du pôle Nord prendrait en Amérique, et aussi en Angleterre, plus d'importance que l'honorable président des États-Unis semble y attacher.

Depuis la réponse de M. Taft, il paraîtrait que de tous côtés, en Amérique, on réclame la possession des territoires découverts par le docteur Cook et le commandant Peary.

Il serait réellement comique que des complications diplomatiques s'élevassent au sujet d'un territoire aussi flottant. Et cependant l'attornay général aurait dit que la Constitution suivait le drapeau et que si les territoires découverts par l'explorateur avaient une valeur quelconque, s'ils étaient habités, ou si des indigènes en fréquentaient les environs, il y aurait lieu d'étudier sérieusement la question.

A Washington, les personnes compétentes en droit international déclarent que l'Amérique ne peut revendiquer le Pôle que s'il est situé sur une île et si les États-Unis envoient une expédition pour en prendre officiellement possession.

D'autre part, on s'étonne, en Angleterre, de la prétention des Américains, et un député conservateur s'est ému de cette prétention, en demandant si le fait que le docteur Cook et le commandant Peary ont planté le drapeau américain au pôle Nord, donnerait aux États-Unis un droit quelconque de possession sur cette région, ou si la terre découverte au Pôle est considérée comme appartenant au Canada.

Ce point, où nul drapeau ne flotte longtemps, étant donné que les glaces trop libres ne peuvent supporter un emblème de domination, deviendrait-il pour les deux nations un point sensible ?

En tout cas, il n'y aurait là qu'une question d'amour-propre national. Il ne s'agirait plus d'une affaire, une bonne affaire. L'Amérique et l'Angleterre ne nous auraient pas habitués à traiter des affaires comme celles-là.

Les opinions suivantes sont encore émises à propos du territoire découvert : Si ce territoire est la continuation du Groënland, il appartient au Danemark ; s'il est le prolongement du Canada, c'est la propriété de l'Angleterre ;

aussi l'Angleterre se propose-t-elle de revendiquer tout ce qui se trouve au nord-ouest du Canada.

Quelques jurisconsultes ferrés, interrogés sur la question, répondent que, pour qu'un pays neuf soit consacré colonie, il faut :

1° Qu'il ait été découvert par un explorateur qui a planté sur le pays le drapeau national ;

2° Que la prise de possession ait été notifiée aux puissances ;

3° Que le pays soit « occupé », c'est-à-dire qu'il y ait au moins à demeure un gardien.

Cette dernière clause paraît assez difficile à remplir. Et, pour conclure, c'est ce qui a décidé enfin le département d'État à répondre que l'Amérique n'exercerait pas ses droits sur les nouvelles terres découvertes par ses sujets, étant donné que le Gouvernement n'a ni le désir ni le pouvoir de les affirmer.

CONCLUSION

Par un travail énorme de compilation nous avons essayé de mettre sous les yeux des lecteurs les pièces du procès du pôle Nord, dont les débats vont émouvoir le monde entier.

Nous avons voulu joindre à ces documents les renseignements les plus complets sur ces espaces glacés, inhabitables, dont deux hommes d'égale valeur et de semblable intrépidité vont se disputer la prise de possession morale.

Deux enfants de la libre Amérique réclament la gloire d'avoir dompté le géant arctique, mais, de longtemps, malgré les assertions de l'un et les preuves de l'autre, le Pôle mystérieux ne laissera surprendre son déconcertant secret.

Des expéditions s'organisent, des fonds seront bientôt réunis.

Des comités vont se composer à l'effet de percer la vérité.

Plus tard, on discernera certainement l'homme sincère de l'imposteur, car il est indéniable que l'un des deux explorateurs exagère ses prouesses et désigne le pôle

Nord comme le *finis coronat opus* de son expédition.

Peary contre Cook ! A qui le pôle Nord ?

Le saurons-nous jamais ?

Du moins, avons-nous cherché à fournir au tribunal de l'opinion publique des bases d'appréciation.

L'avenir seul pourra déposer ses conclusions et clore définitivement cette querelle, qui passionne, à son début, l'univers tout entier.

TABLE DES MATIÈRES

2493-09. — Tours, imprimerie E. ARRAULT et Cⁱᵉ.